강정
대구현대미술제

대구의 뿌리
달성 산책 | 05

강정
대구현대미술제

초판1쇄 발행 2016년 12월 29일

기 획 달성문화재단
지은이 김옥렬·박민영
펴낸이 홍기원

총괄 홍종화
편집주간 박호원
편집·디자인 오경희·조정화·오성현·신나래·
　　　　　　　이정희·이상재·남지원
관리 박정대·최기엽

펴낸곳 민속원
출판등록 제18-1호
주소 서울 마포구 토정로 25길 41(대흥동 337-25)
전화 02) 804-3320, 805-3320, 806-3320(代)
팩스 02) 802-3346
이메일 minsok1@chollian.net, minsokwon@naver.com
홈페이지 www.minsokwon.com

ISBN 978-89-285-0982-9 94080
　　　978-89-285-0834-1 SET

ⓒ 김옥렬·박민영, 2016
ⓒ 민속원, 2016, Printed in Seoul, Korea

저작권법에 의해 한국 내에서 보호를 받는 저작물이므로 무단전재와 복제를 금합니다.
이 책 내용의 전부 또는 일부를 이용하려면 반드시 저작권자와 민속원의 서면동의를 받아야 합니다.

책 값은 뒤표지에 있습니다.
잘못된 책은 바꾸어 드립니다.

대구의 뿌리
달성 산책 | 05

강정
대구현대미술제

글 김옥렬·박민영
기획 달성문화재단

민속원

들어가는 글

강정 대구현대미술제는 1970년대의 대구현대미술제라는 토양을 개간해 2012년에 새로운 씨앗을 심은 미술제이다. 그렇게 강정 대구현대미술제는 40여년의 세월을 품고 다시 태어났다. 시간적으로나 시대적인 상황의 차이는 세대가 변하는 만큼 문화도 변했다. 그래서 그 사이의 간격이 주는 같거나 다른 장소와 의미처럼, 강정 대구현대미술제는 해를 거듭하면서 다른 문화 다른 시간 속에서 새로운 시각을 담는 현대미술의 축제로 거듭나고 있다.

2012년 새롭게 시작된 《강정 대구현대미술제》 '강변 랩소디'는 70년대, 대구현대미술제의 주축이었던 몇몇 작가들의 참여와 당시의 이벤트적인 요소와 실험정신이 담긴 작가와 작품으로 시작했다. 그리고 매해 새롭게 '강정간다', '물·빛 강정', '강정, 가까이 그리고 멀리서', '5'라는 주제로 강정이라는 장소에 대한 기억을 토대로 다양한 비전을 위한 현재형의 전시가 이루어졌다.

이 책은 과거 1970년대의 아카이브(박민영)와 2010년대의 재탄생을 통한 강정 대구현대미술제의 오늘(김옥렬)에 대한 작가와 작품 그리고 시대적 의미와 비전을 묶은 것이다. 그래서 이 책의 무게는 '과거의 미래'라는 확장된 시·공간적 개념을 담고 있다.

2012~2016년까지의 강정 대구현대미술제는 과거 대구현대미술제와의 시간적 차이를 설정하기 위해 '강정 대구현대미술제의 오늘'

이라고 명명해 본다. 그리고 과거와 현재 그리고 미래를 아우르는 동시에 그간 진행해온 미술제 전체를 담고자 하는 의미로 '과거의 미래'라는 시공간적 범위 속에서 강정 대구현대미술제를 시기별 주제별로 묶었다.

'과거의 미래'를 품은 강정 대구현대미술제의 내용은 '강정, 과거의 미래 - 강정 대구현대미술제를 중심으로'라는 주제로, 첫 번째 장 '강정, 과거의 미래'에서는 강정 대구현대미술제의 동기와 구성, 그리고 무엇보다 70년대 작가들이 왜 강정으로 갔을까? 라는 질문을 통해 당시 작가의 인터뷰를 토대로 구성해 보았다. 그리고 두 번째 장에서는 1회부터 5회까지 이루어진 강정 대구현대미술제의 전시소개와 참여 작가의 작품을 소개하는 것을 본론에 해당하는 내용으로 삼았다.

세 번째 장에서는 오늘을 살아가는 기획자의 입장에서 생각한 21세기 문화산업과 전시의 역할을 통해 강정 대구현대미술제가 나아가야할 방향을 생각해 보고자 했다. 마지막으로 '강정 대구현대미술제의 비전'이라는 주제로 학술 세미나를 했던 내용 중에서 구체적인 내용이 제시된 부분을 발췌하는 것으로 마무리를 했다.

이 책을 묶으면서 드는 생각은 지나온 시간이 그냥 흘러가는 것이 아니라 오늘의 미술이 나아갈 길이 담겨 있는 그릇이라는 점이다. 이 그릇을 비우고 다른 것을 채우는 것은 미래의 비전을 위한 안목을 가진 이들의 몫이다. 그 몫을 다하는 것은 어제를 통해 오늘이 있으며 오늘을 임하는 태도 속에는 내일이 담겨 있다는 것을 알게 하는 시간이었다.

공동저자 김옥렬

목차

들어가는 글 4

'74~'79 대구현대미술제 _10

1. 들어가며 11
2. 대구화단과 대구현대미술제 13
3. 대구현대미술제의 전개 24
4. 대구현대미술제의 특징 51
4. 대구현대미술제 이후 68
6. 나오며 82

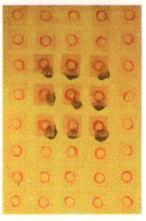

• 강정, 과거의 미래 _84
　－강정 대구현대미술제를 중심으로－

1. 강정, 과거의 미래　85
2. 강정 대구현대미술제　120
3. 21세기 문화산업과 전시의 역할　210
4. 강정 대구현대미술제의 비전　217
5. 맺음말　222

강정
대구현대미술제

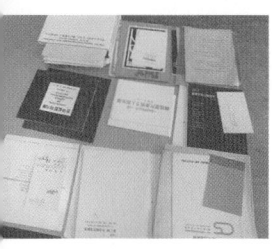

'74~'79 대구현대미술제

1. 들어가며

　　1974년부터 1979년까지 대구현대미술제가 열렸던 그 즈음을 대구의 나이 지긋한 작가들은 소위 '좋았던 시절'로 기억한다.[1] 대구에서는 1970년대 중앙 화단에서 시작된 새로운 예술언어에 대해 공부하고 실험하려는 열기가 있었던 것이 이 즈음이었다. 1970년대 중앙의 화단이 미술협회를 둘러싼 권력 관계나 서울대 홍익대와 같은 학연 등 수직적인 관계에서 자유롭지 않았던 것에 비해 대구에서 작가들은 그러한 분위기에서 비교적 자유로웠고, 각각의 개성이 수평적으로 공존하는 구조였던 것으로 안다. 따라서 그러한 모임 가운데서 작가들 간의 치열한 고민과 실험적인 태도가 방해받지 않고 서로를 자극하였고, 부딪힘 가운데 성장이 있었다. 대구현대미술제는 그러한 작가들의 자발적인 요청으로 만들어졌고,

---

[1]　대구현대미술제를 전후한 1970년대에는 기존 미술계에 속하는 것을 거부하고 젊은 작가 세대들 사이에서 다양한 실험적인 시도와 작품 발표가 있었다. 2004년 대구문화예술회관에서는 대구현대미술제를 조명하는 전시를 개최하였고, 자료 아카이브와 1970년대 작품, 작가 재현 작품을 전시한 바 있다. ≪대구미술다시보기 - 대구현대미술제 '74~'79≫(대구문화예술회관, 2004.10.13~24).

그럼으로 해서 작가들 간의 교류와 공감, 집단적인 동기가 힘을 발휘하였다.

이 글에서는 대구의 좋았던 시절인 대구현대미술제를 살펴보고자 한다. 대구현대미술제에 왜 그토록 많은 작가들이 참가하고, 어울릴 수 있었는지, 그리고 대구현대미술제를 통해 어떤 작가들이 등장하고 어떤 결과를 낳았는지를 살펴보고자 한다. 지금까지 대구현대미술제에 대해서는 대구현대미술제 30주기를 기념하여 ≪대구미술다시보기 - '74~'79 대구현대미술제≫(대구문화예술회관 1~10실, 2014.10.13~24)가 대구문화예술회관의 기획으로 개최되었다. 이 전시를 통해 사람들의 기억에서만 있던 대구현대미술제의 도록, 사진 등 구체적인 자료가 나왔고, 5회에 걸쳐 참가한 작가만 300명이 넘는 이 행사의 당시 활동과 일부 작업들이 공개되었다. 이후 달성군과 달성문화재단이 개최한 ≪강정 대구현대미술제≫(달성군 강정 강변, 2012.10.5~7)가 대구현대미술제의 야외 행사의 맥을 잇는 취지로 2016년 현재까지도 개최되고 있다. 대구문화재단에서는 ≪대구현대미술제 2013≫(대구예술발전소, 2013. 12.20~2014.1.5)을 통해 학술적인 접근과 더불어 1970년대를 조명하는 행사를 가졌다. 이처럼 점진적인 관심이 고조되는 것은 아직도 한국의 전위적 실험적 예술 활동이 제대로 조명되지 못했다는 반증이기도 하다. 기존에 발굴된 자료를 중심으로 작가와 작품, 활동에 대한 학술적 조명을 지속적으로 하고, 우리 풍토와 정신을 바탕으로 탄생한 대구현대미술제의 전위 미술활동을 밝혀 한국 미술사를 풍부하게 할 필요가 있다.

그러한 관점에서 이 글은 지금까지 밝혀진 자료를 중심으로 대구현대미술제에 대한 실체적 접근을 시도하여 객관적인 내용을 정리하는 데 1차적인 목표가 있다.[2] 또한 정리된 내용과 자료를 통해 당시 활동에 내포된 의도와 철학적, 미학적 의미를 생각해 보는 것이 2차적인 시도다. 대구현대미술제는 단순한 전시에 머무르지 않았다. 생각이 다른 작가들을 엮어내는 기획과 그 취지에 동조한 작가들이 해방과 전쟁 이후 새로이 재건하는 척박한

---

[2] 1차 자료의 기록에는 본인의 글 「1974년에서 1979년까지 대구현대미술제의 전개와 의미」(2013), 기존에 쓰인 「대구 화단과 대구현대미술제」(『현대미술아카이브』 I, 2015)와 등 앞서 발표한 자료를 참고하였음을 밝혀 둔다.

한국미술의 비전을 꿈꾸었고, 한바탕 잔치를 벌인 것이다. 1970년대 유신체제 아래 억압되는 자유, 사회적인 불안 가운데서도 그들은 누구보다 자유로운 꿈을 꾸었던 사람들이었다. 그들이 꿈꾼 새로운 예술의 모습을 어떻게 이루어 나갔는가를 살펴보고, 그들의 이상이 만들어낸 결과에 대해서도 이 글에서 생각해 보고자 한다.

첫 장에서는 대구화단과 대구현대미술제의 전조가 되는 사회 문화적 배경에 대해 살펴본다. 두 번째 장에서는 대구현대미술제의 실제 전개 과정과 행위예술 활동들을 자료에 근거해 구체적으로 밝혀 본다. 세 번째 장에서는 대구현대미술제의 특징인 자연을 배경으로 한 행위예술의 양상과 특징을 분석하고, 작가들의 자연관과 세계관이 탄생하고 실행하게 된 사고의 원인을 추적해 본다. 마지막 장에서는 대구현대미술제의 막이 내리기까지 개별 작가들이 집단적인 유행 안에서의 자신의 작품에 취한 태도를 살펴보고, 대구현대미술제 이후에도 지속된 자연을 배경으로 한 예술 활동들을 살펴본다.

2. 대구화단과 대구현대미술제

1) 1960년대와 1970년대 대구미술의 변화

1960년대 이후 대구화단에서 중요한 변화 중 하나는 자연주의 화풍이 주를 이루었던 지역화단에 추상화단이 형성된 것이라 할 수 있다. 대구 추상화단의 형성은 시대적 변화에 대한 동조도 있었지만, 지역 내부의 사회 문화적 환경변화와 밀접한 관계를 맺는다. 해방 이후 정점식, 장석수 등 대구 추상화단의 1세대 작가들이 대구에 돌아온 것이 중요한 계기이다. 정점식(1917~2009)이 하얼빈에서 1946년 귀국하였고, 일본에서 유학한 장석수(1921~1976)가 1946년 대구여중 미술교사로 부임하였다. 사실 1940년대까지 대구에는 향토회와 선전에서 활동한 화가들의 자연주의 화풍이 주를 이루었다. 1930년대 향토회 등에서 활동했던 서동진, 박명조, 배명학 등 서양화단 1세대들의 영향과 더불어 또 다른 한편에서는 사범학교에서 미술 교육을 받은 작가겸 교육작들이 배출되었다. 해방 전 대구사범학교에 재직했던 타카야나기 타네유키高柳種行, 오카다 하지메岡田淸一 등의 교수들은 일본의 이과회二科會 계열의 반관전파의 미술 경향을 제자들에게 전수하였다고 한다.[3] 1940년대 대구사범에서 배출된 미술교사이자 작가인 강홍철(1918~2011), 김수명(1919~1983), 금경연(1915~1948) 등의 초기 작품에서 그러한 영향을 찾아볼 수 있다. 강홍철을 비롯한 이들의 초기 작품에는 과장된 형태와 대담한 선묘 등의 경향이 나타난다. 이렇게 대구사범학교 미술과 출신의 작가들은 대구화단의 한 축이 되었다.

한편 1950년대와 1960년대의 대구화단의 변화는 각자 개성적인 화풍을 이룬 정점식, 장석수, 박광호 등의 개별적 활동에서 볼 수 있다. 한국전쟁 기간에는 이북이나 서울 등 다른 지역 예술가들이 대구에 피난을 오면서 서로 간의 교류와 자극이 이루어졌다. 1953년 정점식의 1회 개인전이 대구 미문화원에서 열려 큰 반향을 일으켰는데 당시 피난 온 문인 마해송이 '묵화의 기법으로 그린 한국적인 서양화'로 호평하였다.[4] 장석수의 1950년대와 1960년대 작품은 한국화단에서 흔하지 않은 추상표현주의 경향을 보여준다. 그는 1958년과 1959년 조선일보 현대작가초대전에 뿌리는 형식의 추상표현주의 작품을 발표하였고, 1966년 3회 개인전(경북공보관화랑)에서는 거친 스트로크의 굵은 선을 화면 가득 채운 대형작품과 액션페인팅을 연상시키는 추상표현주의 작품을 발표하였다. 한편 1950년대 후반에는 서울의 미술대학에서 배출된 지역 출신 작가 한 명이 대구에 정착하였다. 박광호(1932~2000)는 1956년 서울대를 졸업한 후 대구계성고등학교 교사로 부임하였다. 앞의 세대와 달리 박광호는 해방 전에 중학교 시절을 보내고, 해방과 전쟁 이후 대학교육을 마쳤다.

---

[3] 강홍철은 당시 대구사범학교의 교수들로부터 일본의 반아카데미즘을 대표하는 이과회 작가 우메하라 류자부로(梅原龍三郞)와 야수이 소타로(安井曾太郞)의 화풍을 모범으로 교육받았다고 하였다. 박민영, 「대구의 일본인 미술가들」, 『대문』, 2012년 여름, 42~43쪽.
[4] 작가연보, 『올해의 작가 정점식』, 국립현대미술관, 2004. 162~163쪽.

≪앙그리전≫
경북공보관화랑, 1973

일본어에 능하여 일본어로 된 전문 서적을 쉽게 접할 수 있었고, 미술에 대한 이론적, 사상적 배경을 바탕으로 개성적인 화풍을 구축하였다. 그는 미술계의 풍토나 사회적 관습에 아랑곳하지 않고 자신의 내면의 소리에 집중한 초현실주의 경향의 작품 세계를 보여주었다. 이러한 세대교체는 대구화단의 변화에 핵심적인 역할을 하였고, 이들은 세대 간의 갈등, 화풍 간의 갈등을 유발하기도 하였다.

위의 작가들이 개별적으로 자기 세계를 구축하였다면, 1960년대의 화단에는 작품경향으로 집단화된 목소리가 나타나기 시작한다. '앙그리' 그룹은 20대 중후반의 소장 작가들이 주를 이루었는데, 이들은 시대적 흐름에 민감하게 반응한 것으로 보인다. 1963년부터 1966년까지 열린 ≪앙그리전≫은 당시 앵포르멜 경향에 영향 받은 것으로 보이는 작가 김진태, 김구림, 김인숙, 정도화, 이정혜, 정주호(정일), 이륭(이영륭), 마영자, 권영호, 박병룡, 박휘락, 박곤, 박설 등이 참가하였다. "들리지 않습니까? 무서운 인간의 고독이 벽을 부수는 허무한 고독, 그것이 무엇입니까? 들리지 않습니까? 「링케리」의 사막에서의 폭음이… 생명이 있는 한 움직여야 합니다. 또 움직여야 하지요. 움직여야지요?" 이 글은 앙그리 창립전의 선언문이다. 이 전시는 형식면에서 추상이 주를 이루었고, 흘리고 찢는 표현, 우연성이 혼재되어 있는 작품을 보여주었다. 특히 그들은 작품을 제목 없이 전시함으로써 사유하는 대상으로서의 작품의 위상 변화를 보여주었다. 이 전시에 대한 강홍철의 감상평은 호의적이었을 뿐만 아니라 예술의 존재 이유와 본질적인 문제에 접근하는 그들의 태도와 시대 흐름에 대응하는 양식 변화를 적극적으로 옹호하고 있다. "창립전을 볼 때 핥고 흘리고 덧붙이고 찢고 하는 등의 말초적인 기법이나 추상적인 양식과 우연성 등은 시도를 거쳐 개성적인 동화에서 고차원에 모색하고 있다. 명제 없는 진열은 눈으로 보는 형이하학적인 감상보다 머리로서 사색하는 관조에서 의도하는 바라 하겠다. (중략) 끝으로 예술의 형식은 애정의 소산이다. 과학적인 오성보다 그 근원은 영원불멸한다. 기술적인 저기는 그 지엽의 요동에 불과하다. 전통은 과거 시대적 존재이유를 가진 형식의 예속이 아니고 시대를 통해서 발전시킬 의욕에 존재하며 형성되는 연쇄를 신전시키는 데 성실과 겸양을 다할 것과 새로운 「폴름」의 추구와 더불어 현실에 애타는 인간의 고백을 창조할 것이다."5

이 모임의 탄생 배경은 정확하게 드러나진 않지만 참가자들 가운데 김구림, 이룡 등의 면면을 주목해 볼 필요가 있다. 김구림은 1960년대 후반 서울로 활동무대를 옮기기 전인 1960년대 초에 비닐과 플라스틱, 철 등의 재료를 붙이거나 태우는 등의 기법을 작품 〈핵〉시리즈, 〈묘비〉시리즈 〈무제〉 등을 통해 선보였다. 이러한 표현의 배경에는 한국 전쟁 이후의 혼란과 4.19로 폭발한 정치적, 사회적 불안이 있었고, 당시 작가들의 관심은 앵포르멜 경향으로 표출되었다. "60년대에 들어와 일련의 서정적 추상표현에 잠시 머물다가 새로운 매체에 관심을 갖게 되었다. 플라스틱, 기계 부속품 등을 화면에 부착시키기도 하고 비닐을 캔버스로 대신하여 거기에 물감을 덧붙여 불을 질러 새로운 질감을 창출해 내기도 했다. 이러한 작품들은 전쟁이 가져다 준 쓰라린 상처와 폐허가 남긴 또 하나의 내 가슴 속의 비애인지도 모른다. 화면은 어둡고 침울했으며 작품 제목 또한 태양의 죽음, 묘비 같은 것 등을 붙였다."6 이와 같이 김구림은 1960년대 초 추상작품 활동의 배경을 말하고 있으며, 전쟁과 정치적 불안과 같은 시대적 어둠의 가운데서 새로운 문명을 갈구하는 듯 새로운 시대의 오브제나 기계 부속품 같은 차가운 매체들이 작품 가운데 언뜻언뜻 비치기도 한다.

---

5 「열면 수확 〈앙그리 창립전을 보고〉」, 『매일신문』, 1963.9.21; 「대구회화 서클 앙그리의 대담한 시도 〈형식무시한 행동성〉13 소장작가 36점 출품 경북공보관서 화제 없는 전시」, 『매일신문』, 1963.9.18.
6 김구림, 「나를 찾기 위해서 - 1988년 작가노트 중에서」, 『김구림』, 2013, 292쪽.

또 다른 '앙그리' 활동의 배경은 1960년 덕수궁 벽에서 작품을 전시했던 앵포르멜 경향의 '벽壁 동인'의 이영륭 등의 멤버들이 대구에 정착했다는 것과도 무관하지 않다. 1960년 4.19가 독재에 저항한 목소리였다면, 같은 해에 있었던 ≪벽壁전≫[7]은 국전의 구태 의연함을 일갈하는 젊은이들의 또 다른 외침이었다.[8] 그들은 국전의 폐해를 비판하면서 제도권에 대한 저항의 표시로 덕수궁 벽에 작품을 전시하였다. 이들 멤버에 속했던 유황은 작품 〈카오스〉(1960)에서 그가 실제 살았던 천막집의 화장실 가림막, 철망과 같은 오브제를 사용했다. 이 전시에서는 철망, 콜타르와 같은 거칠고 정제되지 않은 재료가 등장했고, 기존 캔버스에서 보여주지 못한 거친 외침이 쏟아졌다. 선언적이고 혁명적인 행동처럼 작품의 내용 역시 현실의 돌파구, 새로운 세계에 대한 희망을 앵포르멜 계열의 무형식적인 설치, 오브제, 액션으로 보여주었다.[9] 1960년대에도 이들의 작품에서는 앵포르멜의 경향이 계속되었고, 이들 중 다수가 연이어 대구에 정착하게 된다. 벽壁 동인이었던 이영륭은 1963년 대구 효성여고에 교사로 부임하였고, 1964년부터 1971년에는 계명대에서 강의하였다. 또 유병수는 1964년 영남고등학교에 재직하면서 대구로 내려와 1965년부터 1970년까

---

[7] 1회 벽동인전은 서울대 출신의 회화작가 8인, 조각작가 2인으로 구성되었으며, 김익수, 김정현, 김형대, 박상은, 박병욱, 박홍도, 유병수, 유황, 이동진, 이정수가 참여하였다.

[8] '지금 우리들 앞엔 사면이 차디찬 벽으로 차단되어 있다. 이를 오직 신탄생의 비극으로 돌려 한한(恨嘆)하며 체념(諦念)해 버리기에 너무도 큰 자각과 임무가 요청되어 있다. 여기 벽 가운데 던져진 우리들에게 살길은 벽을 박차 돌파구(突破口)를 뚫든가 아니면 절망한 채 죽어갈 뿐이다. 지금 우리들에게는 선택이 아니라 자각의 생명이요 행동이 있어야 했다. 무엇을 해야 할 것인가. 어떻게 참여해야 할 것인가. 우리는 얼마나 망설이며 애태웠던가. 드디어 우리는 이제 결행하는 것이다. 후략', 신명순 「벽의 선언」 중에서, 1960년.

[9] 그때는 현대미술의 선언이라 해서 테이프로 녹음해서 오가는 사람들에게 녹음 테잎을 틀어주고, 오가는 사람들이 그림을 언제든지 볼 수 있고, 그림에 대한 어떤 얘기도 작가들하고 같이 나누고 그랬어요. 하나의 미술데모예요. 미술학생운동 비슷하게 그렇게 한 거예요. 기성 화단에서는 저 아무것도 모르는 것들이 참, 웃긴다. 이렇게 보고 굉장히 위험스럽게 봤죠. 부정적으로 위험스럽게 보는 데.우리는 젊은 혈기에서 현대미술의 하나의 물꼬를 터보겠다는 과감한 생각으로 한 것이지. 지금 생각해 보면 그 용기가 가상하지. 지금 하라면 못하지. 그때는 오히려 호기심으로써 장려해주는 입장으로 하라고 해주고 오히려 도와줬어요. 요즘 같으면 통행방해 라고 해야 하나 제재를 하고 그랬겠지. 그때는 그건 없었어. 그때 그림은 오브제나 앵포르멜이나 그런 식의 표현이었으니까, 지금처럼 그런 거 없고, 거기서 출품된 그림들은 천막 위에다 콜타르를 바른다거나 떨어진 문짝 위에다 종이를 어떻게 붙인다거나 그렇게 거칠고 정제되지 않은 작품들이 주를 이루었어요. 요새 보면 어설프고 좀 힘들지 요즘 설치 작업의 효시라고 봐도 되요. 설치 작업 비슷한 거니까. 거의 오브제지, 요즘 말하는 유화 물감이나 아크릴 물감은 고급 물감을 거의 쓴 적이 없으니까. - 이동진 인터뷰, 2009.1.29.

지 계명대, 대구대, 영남대학교에 출강하였다. 1958년 서울대 입학 동기이자 벽壁 동인의 또 다른 멤버인 김익수는 1964년 영남고등학교에, 유황은 1975년 효성여자대학교(현, 대구카톨릭대학교)에, 이동진은 1981년 안동대학교에 재직하였다. 이후에 이들은 모두 대구권 소재 대학에 재직하게 되었다.

    1972년에는 추상화 작가들이 결집하여 신조회新潮會를 창립하였다. 창립회원은 정점식, 장석수, 서석규, 박광호, 이영륭, 유병수, 송부환, 정인화, 박종갑 등 당시 화단의 중견작가들 위주로 구성되었다. 1950년대 1960년대의 변화를 겪은 그들에게도 시대는 지속적인 변화를 요구하였고, 그들은 새로운 풍조를 외면하지 않고 그것을 어떻게 작용시킬 것인가에 대한 고민을 창립취지문에 담았다. "새로운 물결 새로운 풍조, 그 모두가 결코 좋다는 것은 아닙니다. 그러나 이 물결 속에서 살아가고 있는 우리들이 이것을 외면한다는 것은 자기기만이요 도피逃避일 것입니다. 우리들은 어떻게 해서 이 물결 속을 살아가면서 우리들의 의식을 여기에 작용시키느냐의 문제, 그것은 오늘날의 우리나라 예술이 당면한 문제라고 생각합니다. 창조라는 것은 오늘의 상황 속에서 내일의 비전을 만들어내는 행위이며 신조회의 대열은 이런 작업을 의식하면서 여기서 창립의 선을 보이게 됩니다." 신조회는 조형 흐름의 변화에 대한 대응을 하나의 일관된 양식이 아닌 개인의 개성적인 모습을 통해 보고자 했던 것 같다. 이들은 작가 영입에도 적극적이었는데 향후 공모전을 통해 새로운 작가를 발탁해가면서 지금까지 활동을 이어오고 있다. 신조회와 같이 대구미술에서 세대를 이어주는 하나의 견고한 축이 있었다면 또 다른 축은 화면을 떠나 실험적인 매체를 보여주는 세계 미술의 흐름에 민감하게 반응하고, 이에 대한 자발적인 작가들의 요청에 의해 발생되었다. 그것은 1970년대에 일어난 또 다른 흐름이었다.

2) 대구현대미술제의 사회 문화적 전조

    1970년대 유신체제 아래 표현의 자유는 억압되었고, 그만큼 당시는 표현에 대한 갈망이 컸던 때이기도 하다. 단기간 동안 서구의 다양한 양식과 정보를 받아들였고, 많은 변화가 있었다. 한국미술사에서는 1950년대 후반부터 1970년대 초반까지 국전과 반국전, 보수와 진보, 기득권과 재야세력, 구상과 비구상, 그리고 미니멀리즘, 개념미술, 해프닝, 그리고 추상미술의 다원화된 변모 등 단기간에 급작스러운 변화가 있었다.[10] 1960년대 초 앙그리전 등 대구에서 추상 작품을 보였던 김구림은 서울로 상경하였고, 청년작가연립전, '제4집단과 'AG' 결성에 앞장서는 등 전위를 대표하는 작가로 파격적인 행보를 이어갔다. 1967년 ≪한국청년작가연립전≫ 등 1960년대 후반부터 김구림, 정강자, 정찬승 등의 세대가 전개한 해프닝과 같은 일탈적인 행위예술은 예술계를 넘어 사회적 이슈를 낳았다. 한편 1970년대 초 전위미술에 대해 공부하고 실행하는 학구적인 모임과 활동이 있었다. 1970년 'A.G'(한국아방가르드협회)가 창립되는데 이들은 회화, 조각, 입체 등 종합적 성격의 실험미술모임으로 본격적으로 전위를 표방하였다. 전시회와 동인지 『A.G』를 발간하였고, 새로운 미술사조와 경향을 소개하였다.[11] 1970년에는 '신체제'가 서울대 미대 동문 김창진, 윤건철, 이강소, 전창운 등 전위를 표방하며 창립되었고, 1971년 'S.T'(Space와 Time의 약칭)가 입체, 퍼포먼스를 소재로 한 실험미술 위주의 전위적 성향의 모임으로 결성되었다.[12] 이처럼 대구현대미술제가 일어난 시대는 새로운 예술을 배우고 흡수하려는 작가들의 움직임이 들끓는 분위기였다. 그러한 가운데 미술계의 권위로부터 자유로우면서도 형식에 제한을 두지 않고, 1972

---

10 김인환, "어떻든 1950년대 말 이후 70년대까지 지속되었던 한국의 현대미술운동은 어떠한 시행착오가 있었건 오늘을 있게 한 커다란 추진력이 되었음은 간과할 수 없는 사실이다. 여러 단계를 거치면서 여러 세대에 의해 한 세기가 지나서야 이룩한 서구 현대미술의 진행을 단기간에 성취시키려는 성급함이 혼란을 가중시킨 면도 있을 것이다." 『대구현대미술제 - 한바탕 질편한 놀이마당』, ≪대구미술다시보기 - '74~'79 대구현대미술제≫(대구문화예술회관, 2004. 10. 13~24).
11 창립회원은 김구림, 김인환, 김차섭, 김한, 박석원, 박종배, 서승원, 신학철, 심문섭, 오광수, 이승조, 이승택, 이일, 이태현, 최명영, 최붕현, 하종현 이다. 동인지는 1969년 6월에 1권이 발간되었고, 창립전은 1970년 열렸다. 1975년을 기점으로 해체하였다. 『한국미술단체 자료집』, 김달진 미술연구소, 217~218쪽.
12 창립회원은 김문자, 김홍주, 남상균, 박원준, 성능경, 여운, 이건용, 이일, 이재건, 장화진, 조영희, 최원근, 한정문, 황현욱 이었다. 전시회 활동은 물론, 개념미술에 깊은 관심을 가지면서 다양한 텍스트를 연구하는 토론회, 모임을 열기도 했다. 1981년에 해체하였다. 김달진 미술연구소, 위의 책, 139~140쪽.

년부터 진행되었던 ≪앙데팡당 INDEPENDENT≫전은 젊은 작가들에게 자신의 작품의 가능성을 시험하고, 작품에 대한 이해를 넓힐 수 있는 중요한 계기를 제공하기도 했다.

이처럼 서구와 일본 등에서 일어난 반예술 운동들은 1970년대 유신체제 아래 억압적인 환경과 기성 미술계의 권력 관계 속에서 기성세력과는 다른 해방구를 찾는 작가들을 자극했다. 그리고

좌로부터 황태갑, 정재규, 이강소, 이완호, 김영진, 이묘춘

서울권에서 교육을 받고 대구로 온 젊은 작가들을 중심으로, 다양한 경로를 통해 유입된 국제적인 정보를 교환하고 연구하면서 평면을 벗어나 당대의 새로운 조형언어를 습득하고자 하는 모임이 만들어졌다.[13] 김기동, 이향미, 김종호는 1973년 ≪Exposé≫전(1973.3.20~25, 대구백화점화랑)을 열어 당대 전위미술의 일면을 보여주었다. 엑스포제 전을 열면서 그들은 신문지상에 기획의 변을 밝혔다. 그들은 '모든 지각 작용의 근본이 되는 형상의 선재적 관념'을 확인하였고, 그러한 관념과 이미지가 개념예술을 가능하게 한다고 말하였다. 그러면서 예술적 대상에 대한 시간적 속성, 언어적 육체적 형식에 의한 표현

---

[13] "형식도 이해를 해야 되고 그러면서 자기의 소통시켜줄 수 있는 언어를 구축해야 된다. 이런 데서 국제성을 띠기 위해 그런 거죠. 그러면서 현대미술의 변화가 그때부터 온 거죠. …그 당시의 우리 생각도 소통이 현대적인 언어를 우리가 이해도 할 수 있어야 되고 구사도 할 수 있어야 된다. 그래서 개인적으로 따로 떨어져한다는 것은 너무나 힘이 들었고 말씀드렸듯 정보도 적고, 그래서 60년대 중반 이후 졸업하고 그 이후에 우리 작업이라 뭐라하며 각자 떨어져 직업을 가진 작가들 한 달에 한두 번씩 모여서 각자 정보 교환해 세미나하고 아주 열정적이었다." 이강소 인터뷰, 2004.7.28.

등이 주를 이룰 것이라고 하였다.[14] 당시 이론적인 방면에서 활약했던 김기동이 작성했을 것으로 생각되는 이 글은 앞으로 대구에서 벌어질 현대미술의 모습을 예견한 듯하다. 이 시기 일어나는 전위 미술에 대한 관심을 반영하듯이 같은 날 같은 신문지상에는 이강소가 '현대미술 경향'을 소개하였다. "오늘의 미술은 구체적이요, 직접적인 지각대상으로서의 세계를 지향하는 경향이 짙어지고 있다. 구체적이며 직접적인 존재물로서의 예술작품은 세계에로 열려진 독자적인 공간구조를 지니고 있으며 예술행위란 필경은 이 공간의 새로운 내적 관계의 설정을 뜻한다. 세계는 항상 인간과의 관계에서 열려져 있고 또 인간에게 새롭게 발견되어지는 세계, 이러한 세계의 발견이야말로 창조요, 생이요, 예술이 아니겠는가?"[15] 이강소는 근대 서양의 객관적인 인식의 한계를 인식하고, 인간을 주체적 입장에 두고 대상을 바라보는 근대적 사고에서 벗어나, 세계 속의 인간으로 세계와 현실을 이해하는 것이 당대 예술의 과제라 생각하였다.

그들이 주장하는 새로운 예술은 1973년부터 본격적으로 선보였다. 앞서 이야기한 ≪Exposé≫전과 더불어 1973년 ≪현대작가초대전≫(대구백화점화랑)이 열렸고, 1974년에 열린 ≪한국실험작가전≫(대구백화점화랑)에는 김기동, 김종호, 박현기, 이강소, 이명미, 이향미, 황현욱 등 대구와 부산, 서울의 작가 28명이 참

≪한국실험작가전≫
대구백화점화랑, 1974

---

14 「전위작품 향토 화단에 첫선」, 『매일신문』, 1973.3.27.
15 이강소 「현대미술경향」, 『매일신문』, 1973.3.27.

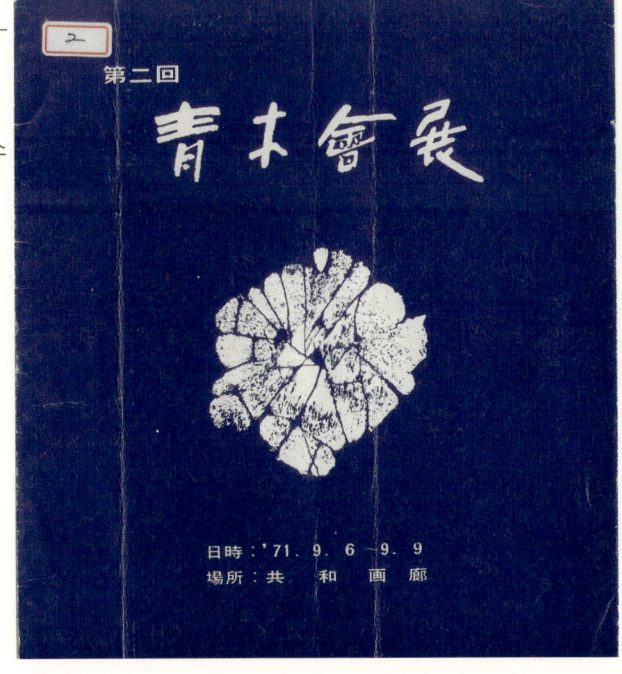

1	2	
	3	

1 ≪35/128 창립전≫ 대구시립도서관화랑, 1975
2 35/128 창립멤버 좌로부터 황태갑, 황현욱, 이묘춘,
　　　　　　　　이향미, 이명미, 강호은, 김기동, 최병소
3 ≪청목회전≫ 제2회 공화화랑, 1971

가하여 '실험'이라는 이름 아래 전위적인 예술을 선보였다.[16] 이 모임은 전국 실험적 경향의 작가들이 참가하면서 대구현대미술제의 실행과 실질적으로 근접한 관계를 보여주었다. 1975년에 결성된 '35/128' 역시 실험과 전위 예술을 표방하고 창립되었다. '35/128'은 대구의 위

---

[16] 참여작가는 강국진, 강하진, 김기동, 김동규, 김명희, 김인환, 김재윤, 김정수, 김정헌, 김종호, 김진석, 박현기, 백수남, 윤연한, 이강소, 이명미, 이묘춘, 이완호, 이원화, 이종윤, 이향미, 이현재, 정재규, 최병소, 최상철, 한만영, 황현욱 등 28명이다. 전시 팸플릿에는 '실험'에 대한 사전적 의미를 2페이지에 걸쳐 열거해 놓았다.

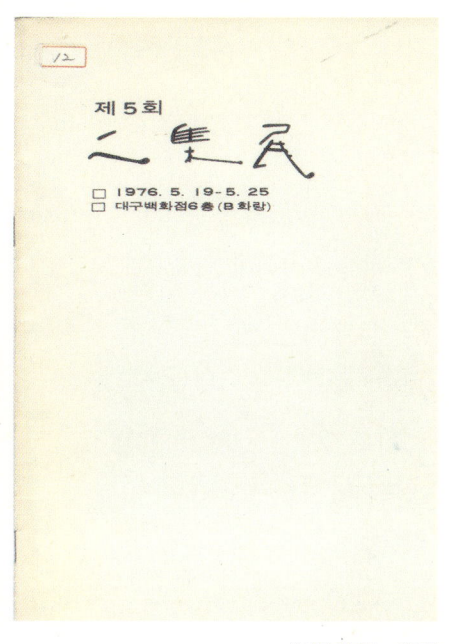

≪이집회전≫ 제5회
대구백화점화랑, 1976

도와 경도를 뜻하고, 창립 멤버로 강호은, 김기동, 김인환, 이명미, 이묘춘, 이향미, 최봉수, 황태갑, 황현욱이 참여하였다.

한편, 1960년대 중반부터 대구 지역의 화단에는 대학에서 젊은 작가들이 배출되면서 새로운 흐름을 수용할 수 있는 개방적인 분위기가 형성되고 있었다. 1964년 계명대학교 미술공예학과가, 1972년에는 회화과가 신설되었고, 1969년에는 영남대학교에 예술학부가 설치되었다. 이들 대학에서 젊은 작가들이 배출되면서 대구 미술계에도 세대교체가 이루어지고 있었다. 계명대 출신 신진 작가들의 모임인 청목회青木會가 1971년 창립되어 권정호, 조혜연, 최학노 등의 작가들이 활동하였고, 1972년에는 이집회二集會가 창립되어 김상호, 박종갑, 박경희, 박무웅, 이일환, 전남길이 참여하였다. 이들의 경향은 추상이 주였지만 구상 경향도 섞여 있는 모습을 보였다. 또한, 추상 양식을 탐구한 작가들이 모인 직전直展이 1975년에 결성되었다. 이 모임에는 김진세, 문곤, 박광호, 배영철, 송용달, 이상남, 안충남, 정인화, 정일, 정종해, 최돈정, 최학노, 백미혜 등이 함께하였다. 직전의 멤버였던 최학노는 직전의 모임이 작가들 각자가 자신의 작품에 대한 논리를 펼치고, 서로에 대한 신랄한 비판이 이루어지는 긴장감 있는 자리였다고 말한다. 또 다른 젊은 예술가 그룹 '전개'는 1976년 창립되어 1980년대 초까지 활동하였다. 평면보다는 실험적인 오브제, 행위, 설치 등의 작업을 선보였으며, 당시 20대의 젊은 미술가, 백미혜, 이교준, 노중기, 김영세, 안승영, 이현재 등이 참여하였다. 특히 이들은 앞선 세대들의 활동처럼 1982년 강정에서 행위예술을 펼치기도 했다.

3. 대구현대미술제의 전개

1) 대구현대미술제의 전개

이러한 1970년대의 문화적인 움직임을 배경으로 1973년과 1974년 사이의 전위적인 미술 활동을 보여줬던 김기동, 김영진, 김재윤, 김종호, 이명미, 이묘춘, 이향미, 이현재, 최병소, 황태갑, 황현욱 등 12명의 작가들은 자신들의 새로운 예술을 시험하고 확대시키고자 현대미술운동을 벌인다. 이강소는 당시의 분위기에 대해 '서로 미술에 대한 이해를 돕고, 자신을 계몽해야 한다는 용기를 갖고, 현대미술 운동, 즉 서로 배우고 깨달아서, 세계 소통의 미술형식을 빠른 시간 안에 구체화할 수 있도록 협력에 공감하는 것이었다.'고 하였다.[17] 제1회 대구현대미술제가 1974년 10월 계명대학교 미술관에서 열렸다. 첫해 미술제의 참여 작가는 70여 명이었는데 그룹과 개인 참여로 나누어 S.T의 10명, 신체제의 8명, 개인 참여 52명이 함께하였다<표 1>.[18] 이들은 전시 서문에서 그들의 활동을 '폐쇄적인 데서 개방적인' 것으로, '침체보다 흐름'으로 그 방향을 설정하였다.

> 이 미술제는 개인이나 하나의 이념을 표방하는 단체에 의하여 유도된 것이 아니고 자발적인 참여에 의한 〈비전〉을 가진 예술가들의 모임의 제전입니다. 우리는 미술제가 폐쇄적인 경향보다 개방적이고, 침체보다 흐름을 갈구하고 있는 것을 잘 압니다.[19]

---

17 이강소, 「내 기억 속의 박현기」, 『박현기 유작전 - 현현』(2008.9.30~10.19, 대구문화예술회관), 32쪽.
18 참여 작가의 명단은 작가 명단과 약력이 소개된 인쇄물에는 70명으로 기재된 반면, 포스터에는 68명의 작품이 실려 있고, 2회 현대미술제 팸플릿에 실린 1회 참가 작가 명단은 60명으로 되어 있다. 1회 뿐 아니라 다른 해에 열린 미술제의 작가 명단도 인쇄물에 따라 다르게 기재되기도 했다.
19 ≪'74 대구현대미술제≫, 인사말씀, 1쪽.

제1회 《대구현대미술제》 포스터	《대구현대미술제》 전시설치장면
1974	계명대학교미술관, 1974, 좌-김기동, 우-이강소

    전시를 위해 제작된 포스터에서는 그룹 S.T의 10명, 신체제의 8명 등과 더불어 개인 작가를 포함한 68명의 작품이 실려 있다. 작품들은 오브제나 설치, 개념적인 페인팅 작업이 다수였다. 전시에는 김재윤의 타이어 작업이나 이현재의 대형 얼음 등 오브제가 설치되었고, 김영진은 미술관 내에 흙 설치작업을 시도하려다 미술관 측의 제지로 철거했다고 한다. 1회 미술제는 지역 내 작가들 개개의 주도적인 면모보다는 이미 서울에서 당대의 전위적인 미술을 경험한 그룹과 인물들이 주축이 되었고, 이러한 전위적 흐름은 대구화단에 자극을 주었던 듯하다.

〈표 1〉 제1회 ≪대구현대미술제≫ 참여작가

	제1회 대구현대미술제 (1974.10.13.~19, 계명대학교미술관)
주관	미술제 기획인 김기동, 김영진, 김재윤, 김종호, 이강소, 이명미, 이묘춘, 이향미, 이현재, 최병소, 황태갑, 황현욱 (12인)
참여작가 (70명)	개인참여 : 강국진, 김명수, 김명희, 김용익, 김인환, 김정수, 김주영, 김진석, 김청정, 김태호, 김 한, 노재승, 박길웅, 박석원, 박현기, 배남한, 서승원, 신성희, 안병석, 이병용, 이승조, 이태현, 원ísses덕, 유성숙, 윤연한, 장 식, 정인수, 조명형, 주영수, 진옥선, 최관도, 최명영, 하종현, 한영섭, 함 섭, 허 황, 홍민표, 황효창 S.T : 김영배, 김용민, 김홍주, 남상균, 성능경, 송정기, 이건용, 여 운, 최원근, 최효주 신체제 : 권순철, 김정헌, 박학배, 백수남, 오수환, 윤건철, 정재규, 조용각 대구 : 김기동, 김영진, 김재윤, 김종호, 이강소, 이명미, 이묘춘, 이향미, 이현재, 최병소, 황태갑, 황현욱 추가초대작가 : 신학철, 이 태

1975년에는 대구현대작가협회(D.C.A.A)가 조직되었다.[20] 이 협회는 창립되던 해인 1975년에 제2회 대구현대미술제를 운영하였고, 1977년 3회 미술제를 주관 운영하였다. 그리고 1980년을 전후해 대구현대미술제의 퇴장과 비슷한 시기에 사라졌다. 이 모임은 대구현대미술제 초기에 운영 창구 역할을 하였던 듯하고, 미술제의 취지에 동조한 작가들이 회합하는 장이 되었던 것으로 보인다. 그들은 창립 서문에서 '지방 화단의 전근대적 권위의식, 영웅주의, 폐쇄적인 독존의식'을 지적하면서, 이를 타개하고자 결성되었음을 밝히고 있다. 구체적으로는 작품전과 세미나 등의 활동으로 서로의 정보를 교환하고, 작품세계를 확장하는 동시에 신진작가를 등용 발굴하여 지방 화단의 중흥을 이루고, 나아가 세계미술에 공헌하고자 함을 선언하였다.[21] 1975년 6월에는 대구현대작가협회의 창립에 앞서 '해프닝=

---

[20] 창립전에는 김경인, 김영진, 김재만, 박광호, 박종갑, 박현기, 백미혜, 송광익, 신근호, 신정주, 이강소, 이나경, 이명미, 이묘춘, 이종윤, 이지휘, 이현재, 정태진, 조은분, 조혜연, 최돈정, 최병소, 황태갑이 참가하였다. 김기동, 정경애, 김종호, 박세경, 황현욱은 창립회원에 이름을 올렸으나 창립전에는 참가하지 않았다.
[21] 「서문」, ≪D.C.A.A 창립전≫(1975.7.16~21, 대구백화점 6층 화랑).

1	2
3	4

1 ≪D.C.A.A(대구현대작가협회) 창립전≫ 대구백화점화랑, 1975
2 제2회 ≪대구현대미술제≫ 계명대학교미술관, 1975
3 ≪해프닝=야외전≫ 〈낙동강에의 초대〉 논공, 1975
4 ≪해프닝=야외전≫ 논공, 1975

야외전'이라는 행사를 6월 6일과 29일에 두차례 열었던 기록이 행사 알림 엽서로 남아있다. 〈낙동강에의 초대〉라는 부제를 달았던 6월 6일 달성군 논공에서의 행사에는 김기동, 김영진, 노원희, 송광익, 이강소, 이묘춘, 이현재, 최병소, 황태갑이 참여하였고, 6월 29일 '해프닝=야외전'에서는 이날 행사의 사진을 기록하여 D.C.A.A 창립 전시에 낼 계획을 세웠던 듯하다. 1975년 7월에 열린 2회 대구현대미술제에는 77명이 참가하였고, 로지컬 이벤트라 명명한 이건용의 〈중성화의 논리〉 주제의 10개의 이벤트가[22] 선보였다<표 2>. 대구현대미술제에서 행위예술이 시작된 것은 이 해부터이다. 또한 박서보의 「현대미술의 동향」에 대한 소개, 정관모와 정재규의 자료 소개가 함께 있었고, 작품이 실린 전시 팸플릿은 전시 후에 제작된 것으로 보인다.

〈표 2〉 제2회 ≪대구현대미술제≫ 참여작가

제2회 대구현대미술제 (1975.11.2.~8, 계명대학교미술관)	
주관	대구현대작가협회(D.C.A.A)
참여작가 (77명)	강국진, 강하진, 고영훈, 권달술, 김광우, 김규한, 김기호, 김동규, 김명수, 김 선, 김선회, 김순기, 김영대, 김영진, 김용민, 김용익, 김인환, 김장섭, 김재만, 김재윤, 김종근, 김종일, 김청정, 김혜숙, 김홍석, 노재승, 박서보, 박승범, 박장년, 박항율, 박현기, 배남한, 백미혜, 백수남, 서승원, 성능경, 송광익, 신정주, 심문섭, 안병석, 여 운, 연영애, 유병수, 유종민, 이강소, 이건용, 이묘춘, 이 반, 이병용, 이상남, 이승조, 이완호, 이종윤, 이지휘, 이현재, 임옥상, 장 식, 정관모, 정은기, 정재규, 정태진, 조용각, 조혜연, 최대섭, 최돈정, 최병소, 최병찬, 최붕현, 최상철, 최창혁, 한영섭, 허 황, 황병호, 황승호, 황현욱, 황효창, 황태갑

1977년 봄, 새로 개관한 대구시민회관 전시장에서 열린 3회 전시는 참가자 규모에서 많은 증가가 있었고, 196여명의 작가들이 전국에서 참여하였다<표 3>. 부산, 서울, 대구, 그리고 기타 지역(광주, 진주, 강릉, 청주, 인천, 전주, 춘천, 목포, 일본)으로 구분하여 작가들을 구성하였

---

[22] 이 때 선보인 행위작품은 〈내가 보이느냐〉, 〈이리오라〉, 〈다섯걸음〉, 〈건빵먹기〉, 〈10번 왕복〉, 〈나이세기〉, 〈5번의 만남〉, 〈물마시기〉, 〈성냥켜기〉, 〈물붓기〉 이다. 류한승, 「1970년대 중·후반의 이벤트」, 국립현대미술관 연구논문, 2015, 123쪽.

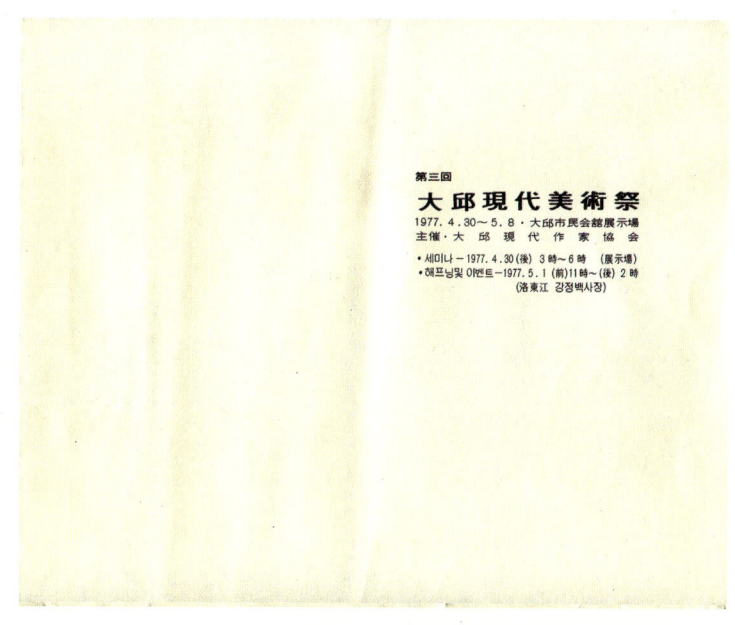

제3회 ≪대구현대미술제≫ 대구시민회관전시장, 1977

고, 부대행사로 낙동강 강정 백사장에서 이벤트라는 이름으로 행위예술이 펼쳐졌다. 이 해 미술제의 이벤트에는 이강소, 박현기, 문범, 정재규, 이종윤, 장성진, 이상남, 백미혜, 최병소 등이 참여하였다. 한국일보, 조선일보, 서울신문 등에서 이 행사를 '전위미술운동', 또는 현대작가들의 힘을 과시한 '데몬스트레이션'으로 크게 조명하였고, 행위예술 장면을 구체적으로 소개하였다.[23]

〈표 3〉 제3회 ≪대구현대미술제≫ 참여작가

제3회 대구현대미술제 (1977.4.30~5.8, 대구시민회관)	
주관	대구현대작가협회(D.C.A.A)

---

[23] 「전위미술의 현주소 보여준 대구현대미술제」, 『조선일보』, 1977.5.3; 「젊은 화가들의 이색축제 대구현대미술제」, 『한국일보』, 1977.5.3; 「전위미술운동 지방으로 확산」, 『서울신문』, 1977.5.4.

참여작가 (196명) *기타지역 24명, 부산지역 18명, 서울지역 119명, 대구지역 35명	**기타지역** : 박광웅(진주), 박태화(여수), 박양선(광주), 선학균(강릉), 안충남(진주), 우제길(광주), 연영애(청주), 오중욱(인천), 유종호(강릉), 유휴열(전주), 이동진(춘천), 이상남(거창), 이완호(청주), 이우환(일본), 이윤심(광주), 이정자(광주), 정윤자(목포), 장석원(순창), 정해일(청주), 조옥순(광주), 최명현(마산), 최재창(광주), 최종섭(광주), 허기태(마산), **부산지역** : 강선보, 권달술, 김동규, 김명수, 김정명, 김종근, 김청정, 김홍석, 박종선, 서재만, 이성재, 이정수, 전준자, 정부영, 정원일, 조철수, 조현부, 추경옥 **서울지역** : 강국진, 강하진, 강환섭, 권순철, 김광우, 김구림, 김기호, 김범열, 김 선, 김선희, 김영규, 김영배, 김영철, 김용민, 김용익, 김용철, 김재관, 김정수, 김정헌, 김종일, 김주영, 김진석, 김태호, 김 한, 박경호, 박리미, 박서보, 박석원, 박성남, 박승범, 박장년, 박재희, 박찬갑, 박 철, 백금남, 백수남, 백철수, 변상봉, 서승원, 서영환, 성능경, 손장섭, 송정기, 진문용, 신미례, 신성희, 심문섭, 안병석, 안상규, 엄혜실, 여 운, 오세영, 오수환, 유승우, 윤건철, 윤형근, 위춘현, 이건용, 이경수, 이동엽, 이동우, 이두식, 이 반, 이병석, 이상남, 이승조, 이승택, 이룸세, 이정수, 이종성, 이춘기, 이 태, 이태현, 이혜봉, 임상진, 임영희, 임옥상, 장성진, 전국광, 전창운, 정재열, 정봉규, 정찬승, 정하경, 정혜란, 정희건, 조명형, 조승래, 주영도, 진옥선, 최대섭, 최덕교, 최명영, 최상철, 최태신, 하종현, 한기주, 한만영, 한영섭, 한영수, 한창조, 홍민표, 홍순모, 홍용선, 황승호, 강창열, 김홍주, 윤 범, 문 범, 장부은, 전영화, 장성순, 최 수, 이성자, 김종학, 유병훈, 최원근, 이옥경, 홍승연 **대구지역** : 권영식, 김영진, 김정태, 남 철, 문 곤, 박종갑, 박현기, 배영철, 백미혜, 변종곤, 신근호, 신정주, 안승영, 유병수, 이강소, 이금숙, 이묘춘, 이명미, 이 정, 이종윤, 이준일, 이지휘, 이향미, 이현재, 장유희, 정경애, 정미연, 정은기, 정태진, 조혜연, 최병소, 최영조, 최혜택, 황태갑, 황현욱

  1978년 제4회 대구현대미술제에서는 27명의 대구현대미술제 운영위원회가 꾸려졌고, 전국의 작가 175여명이 참여하였다<표 4>. 전시 서문에는 '한국 미술이 한국인 특유의 체질로서 이루어지는, 새로운 차원의 세계로서 미술로 국제화단에 주목받는 대구의 현주소'를 말했고, 또한 '경향 각지의 여러 참신한 작가'가 참여해 '기량 있는 작가의 발굴에도 결정적인 역할'을 했다고 하면서 행사에 대한 긍정적인 자평을 실었다. 이러한 평가의 배경은 대구현대미술제 이후 다른 지방에서 예술제 붐이 일어났던 데 있다. 1975년 서울, 1976년 광주와 부산, 1977년 강원(춘천)과 청주, 1978년 전북(전주) 등 전국 각지에서 현대미술제가 잇따라 열렸다.[24] 대구현대미술제 4회 전시의 특징은 평면・입체, 이벤트・기타방

---

[24] 서울현대미술제(1975.12.16~12.22, 국립현대미술관, 서울현대미술제운영위원회주최), 광주현대미술제(1976.9.15~21, 전일미술관, 현대작가Epoque회주관), 부산현대미술제(1976.12.14~20, 부산시민회관전시관), 강원현대미술전 (1977.5.1~7, 춘천도립문화관), 청주현대미술제(1977.7월~7.15, 청주문화원화랑), 전북현대미술제(1978.10.14~20, 전북예

제4회 《대구현대미술제》 대구시민회관전시장, 1978

법, 비디오·필름의 3부로 나누어 매체별로 구성하였다는 점이다. 팸플릿에는 김덕연, 김영진, 박현기, 유근준, 이강소, 이상남, 이향미, 최병소, 이현재 등의 작가가 비디오 및 필름 작품을 출품하였다고 기재되었으나, 이강소는 1979년 『공간』지에서 김덕연과 김혜란이 필름작업을 출품하였다고 썼고, 김영진, 박현기, 이강소, 최병소, 이현재 5명이 제작한 비디오 작품에 대해 자세히 소개하였다.25 현재 1978년 김영진 등 5명의 비디오 작품이 남아 있다. 이 작품들은 K스튜디오를26 빌려 박현기가 마련한 촬영 장비로 함께 제작하였다고 한다.27 3부 이벤트·기타 방법에는 김연환, 김문자, 김성구, 박현기, 이건용, 장석원, 이강소, 최병소, 황현욱, 이종윤, 황태갑 등 11명의 작가가 참가한 것으로 기재되어있으나, 신문 기사에 언급된 작가는 김문자, 김용민, 이영배, 이강소, 황현욱, 김성구, 김영진, 도지호, 장경호, 김연환, 문범, 이건용, 강정헌, 이상남 등 14명이며, 15점의 작품이 묘사되어 있다.28

술회관) 등 각 지방의 이름을 딴 미술제가 만들어졌고, 지방으로 현대미술 흐름이 확산되었다.
25 이강소, 「내일을 모색하는 작가들 – 제5회 대구현대미술제」, 『공간』, 1979.9, 79쪽.
26 K스튜디오는 1975년 권중인과 이재길이 상업 사진 제작을 위해 만든 스튜디오이다.
27 박현기 연보, 『박현기 1942~2000 만다라』, 국립현대미술관, 314쪽.
28 「이벤트와 다른 질서와 가능성 보여」, 『영남일보』, 1978.9.27; 「전위미술 실험잔치 제4회 대구현대미술제 야외이벤트」, 『조선일보』, 1978.9.27; 「국내 첫비데오 작업」, 『매일신문』, 1978.9.27; 「행동하는 예술 대구현대미술제 이모저모」, 『서울신문』, 1978.9.26; 「지방화단에 실험열기 제4회 대구현대미술제의 희한한 전시 르포」, 『한국일보』, 1978.9.26.

〈표 4〉 제4회 ≪대구현대미술제≫ 참여작가

	제4회 대구현대미술제 (1978.9.23.~30, 대구시민회관)
주관	대구현대미술제 운영위원회 김종근, 김홍석, 문 곤, 문복철, 박서보, 박석원, 박종갑, 박현기, 서승원, 심문섭, 이강소, 이묘춘, 이승조, 우제길, 윤명로, 윤형근, 정관모, 정영렬, 정은기, 정창섭, 정태진, 조용익, 최기원, 최명영, 최병소, 최종섭, 하종현
참여작가 (175명) * 팸플릿 표기를 기준으로 함. * 중복 표기된 작가는 1인으로 셈	1부) 평면.입체 강하진, 권영식, 김두호, 김성구, 김용민, 김정태, 김진석, 문복철, 박석원, 박종갑, 박현기, 손기덕, 신근호, 심문섭, 연영애, 유병수, 이금숙, 이 반, 이정수, 이태호, 이형근, 장한곡, 정은기, 조옥순, 진옥선, 최병찬, 한영섭, 허 황, 황태갑, 김호은, 권훈칠, 김명수, 김수자, 김용익, 김정명, 김홍석, 문창식, 박성남, 박종선, 박현숙, 손복희, 심명보, 유휴열, 이동엽, 이영배, 이정자, 이태현, 장경호, 정영열, 조용익, 차대덕, 최영조, 한만영, 홍맹곤, 황현욱, 강선보, 김기호, 김문자, 김용철, 김정수, 김주환, 김홍주, 문 범, 박승범, 박태모, 서정찬, 송번수, 신일근, 안충남, 윤영중, 이두식, 이상남, 변종곤, 장석원, 전창운, 정재규, 정태진, 조철수, 최기원, 최상철, 추경옥, 황소연, 강용대, 곽덕준, 김구림, 김범렬, 김영규, 김장섭, 김정헌, 김창렬, 김창진, 도지호, 남 철, 남순추, 박신혜, 박은경, 백금남, 서승원, 송정기, 원방선, 이성재, 이우환, 임옥상, 정원일, 정창섭, 조승래, 지석철, 최명현, 최종섭, 한기주, 허기태, 황수용, 강창열, 권순철, 김동규, 김선회, 김재만, 김종일, 김태호, 문 곤, 박만수, 박재희, 박양선, 배영철, 서재만, 송윤희, 신정주, 엄혜실, 우제길, 이강소, 이륭세, 이석주, 이완호, 이향미, 장유희, 정관모, 조미혜, 주태석, 최대섭, 최재창, 하종현, 홍민균, 강정헌, 구자현, 김광우, 김 선, 김영세, 김영진, 김응기, 김종근, 박서보, 백미혜, 신경호, 진문용, 여 운, 유연희, 이묘춘, 이원우, 이종윤, 윤명로, 장화진, 정윤자, 정찬승, 최병소, 최 수, 한동수, 허종하, 황승호, 이정희 (재외작가) 장한곡(재미), 문승근(재일), 곽덕준(재일), 김창렬(재불), 이우환(재일) 2부) 이벤트, 기타방법 김연환, 김문자, 김성구, 박현기, 이건용, 장석원, 이강소, 최병소, 황현욱, 이종윤, 황태갑 3부) 비디오&필름 김덕연, 김영진, 박현기, 유근준, 이강소, 이상남, 이향미, 최병소, 이현재

제5회 ≪대구현대미술제≫ 1979

제5회 ≪대구현대미술제≫ 전시장 약도

강정 대구현대미술제

대구현대미술제 마지막 전시가 된 1979년 제5회 현대미술제는 '내일을 모색하는 작가들-한국과 일본'이라는 부제를 가지고 치러졌다. 유진어린이회관 미술관, 리화랑, 이목화랑, 시립도서관화랑, 매일화랑, 맥향화랑, 대보화랑 등 대구 시내 7개 화랑이 후원하여 함께 전시를 개최하였다. 한국 50명, 일본의 작가 15명, 총 65여명이 참가해서 작가의 수는 3, 4회에 비해 줄었으나, 일본 작가들은 화랑 내 대형 설치작품을 다수 선보였다<표 5>. 사정에 의해 오지 못한 몇몇 작가를 제외한 대부분의 일본 작가들이 직접 왔다고 한다. 한편 1978년경에는 지방마다 현대미술제가 열리면서 전시 형태와 내용이 어느 지역이나 똑같다는 지적과 비판을 받았다.[29] 이강소 역시 당시 전국 각지에서 열린 미술제가 비슷한 규모, 비슷한 작가로 개최되면서 이동 전시나 연중 행사화 되는 딜레마에 빠졌고, 5회 행사는 이러한 비판을 불식시키기 위해 한국과 일본의 젊은 작가들이 함께 같은 문제를 모색하는 행사로 기획하였다고 했다.[30] 이때가 계기가 되었는지 대구에서는 1980년대 일본과의 교류 전시가 종종 열리곤 했다.

〈표 5〉 제5회 ≪대구현대미술제≫ 참여작가

제5회 대구현대미술제 〈내일을 모색하는 작가들 : 한국과 일본〉 (1979.7.7.~13, 유진어린이회관미술관, 리화랑, 이목화랑, 시립도서관화랑, 매일화랑, 맥향화랑, 대보화랑)	
주관	밝히지 않음
참여작가 (64~65명) * 도록 표기를 기준. (엽서와 도록의 표기에 차이가 있고, 정찬승은 도록 뒷면 명단에는 있으나 작품 사진은 없음)	고영훈, 김용민, 김용익, 김용철, 김장섭, 김홍주, 문 범, 송윤희, 신성희, 신일근, 이건용, 이상남, 윤익영, 장경호, 조상현, 주태석, 지석철, 진옥선, 신홍경, 정찬승, 김태균, 남순추, 허 황, 허종하, 구자현, 김삼찬, 김영진, 김정태, 김진혁, 남 철, 노중기, 도지호, 문 곤, 박세영, 박종갑, 박현기, 변종곤, 배영철, 백미혜, 유병수, 유동조, 이강소, 이교준, 이준절, 장유희, 최병소, 최영조, 황현욱, 문복철, 우제길

---

29 최노석, 「표류하는 지방현대미술제」, 『경향신문』, 1978.7.18; 김상구, 「지방으로 번진 현대미술제 출품작 운영 천편일률」, 『동아일보』, 1978.10.11.
30 이강소, 「내일을 모색하는 작가들-제5회 대구현대미술제」, 『공간』, 1979.9, 79쪽.

일본작가: 혼다료오(本田亮), 노마히데키(野間秀樹), 야스오카가즈히코(安岡和彦), 구마가이고오이치로(熊谷浩一郎), 기타자와이빠쿠(北澤一伯), 에비즈카고오이치(海老塚耕一), 현미화(玄美和), 우라에다에코(浦江妙子), 후지다모토오(藤田基夫), 타바타토루(田端徹), 이마사와메구미(今澤めぐみ), 오쿠무라리디어(奧村リデイア), 이케다토루(池田徹), 요시다히데키(吉田秀樹), 오키게이스케(沖啓介)

2) 집단적인 행위예술

야외에서 펼쳐진 집단적인 행위예술은 당대의 여타 전위적 활동과 다른 대구현대미술제만의 뚜렷한 특징을 보여주는 부분이다. 집단적인 행위예술은 1977년 3회와 1979년 5회는 달성군 강정의 낙동강 백사장과 포플러 숲에서, 1978년 4회는 달성군 냉천 계곡에서 열렸다. 이미 1960년대 후반부터 국내에서는 해프닝과 이벤트라는 이름으로 행위예술이 행해지고 있었지만, 대구현대미술제의 그것은 낙동강변이나 계곡과 같은 자연 속에서 이루어졌다는 점에서 이전과 다른 모습을 보여주었다. 낙동강변이나 냉천 계곡과 같은 자연은 작품의 재료이자 배경으로 작품에 개입하였다. 특히 1970년대 초반부터 낙동강 유역의 자연 풍광과 소재들은 작가에게 영감을 주었던 것으로 보인다.

이강소는 1971년에 AG에 출품한 〈갈대〉에서 낙동강변의 갈대를 소석고 시멘트 등으로 굳혀 전시장에 옮겨 놓았다.[31] 그는 자주 놀러갔던 낙동강변에 대

이강소, 〈갈대〉 갈대·시멘트·소석고·페인트, 1971, AG 출품

---

31 이강소, 「일상적 존재의 인식론적 출현」, 『공간』, 1980.6, 39쪽.

해 다음과 같은 감성적인 소회와 함께 작품의 탄생 배경을 밝혔다.

자주 놀러가곤 했던 낙동강 유역 늪지대의 갈대밭은 여름이면 칼날 같은 잎을 하늘로 뻗고 햇빛에 번쩍이며 푸르름을 하고, 가을이면 모든 것이 바짝 말라 바람에 흩날리고 갈대 소리만 주변에 맴돌 뿐이다. 나는 이 물기가 날아간 갈대밭을 1971년 겨울 미술관(옛 경복궁 국립현대미술관, A.C전)의 전시 공간에 만든 일이 있다.

갈대들의 뿌리 부분을 시멘트와 소석고로 응고시키고 갈대 표면을 흰 수성페인트로 고착시켰다. 그 결과 10×12×2.5(높이)m의 흰 갈대밭이 전시공간에 꽉 들어차게 되고 관자(觀者)는 그 사이를 다니게 되었고, 갈대는 페인트와 시멘트, 소석고 속에서 그 자체의 힘 그리고 이 전시장의 또 다른 조건에 의해 적막한 미풍에 어른거리며 전시 기간 동안 서 있었던 것이다.[32]

이강소의 작품은 전시장 안에 단순히 하나의 사물을 가져다 놓은 것이 아니라 자연의 한 현장을 옮겨 온 것이라 볼 수 있다. 그에게 감동을 주었던 낙동강의 자연은 전시장이라는 새로운 장소와 구조 속에서 다른 힘을 발휘하였다. 1970년대 초에 있었던 또 다른 사건은 전술한 1975년 6월 대구현대작가협회의 창립 직전 두 번 열렸던 ≪해프닝=야외전≫이었다. '낙동강으로의 초대'라는 부제를 달기도 했던 두 번째 행사에는 김기동, 김영진, 노원희, 송광익, 이강소, 이묘춘, 이현재, 최병소, 황태갑이 참여자 명단에 올라가 있고, 달성군 논공에서 개최된 것으로 보인다. 아마도 이때부터 집단적 행위예술이 시작하게 된 것인지도 모르겠다.

---

[32] 위의 글, 37쪽.

(1) 1977년 강정 낙동강변, 제3회 대구현대미술제 이벤트

1977년 5월 1일 제3회 대구현대미술제 이벤트가 달성군 강정 백사장에서 열렸다. 정확한 지점이 표기되어 있지는 않지만 포플러 숲과 백사장과 강물이 있는 장소였다. 일요일 오전 11시경 비가 내리는 가운데 시작하였고, 팔십에서 백여 명이 참석하여 이벤트를 지켜보았다.『한국일보』(1977.5.3),『조선일보』(1977.5.3),『서울신문』(1977.5.3)에서 이때의 전위 미술을 기사로 다루었고, 현장에 함께 있었던 기자들은 야외에서 펼쳐진 행위예술에 대해서 비교적 자세히 묘사해 놓았다. 각 작가별 행위예술 작품에 대해 기사를 종합, 참고하여 기술하였다.

1977년 대구현대미술제 강정으로 가는 버스

① 박현기, 〈무제〉, 횟가루·포플러 나무, 그림자
달성군 강정, 1977

박현기는 강변에 늘어선 포플러나무 8여 그루의 그림자를 횟가루로 그렸다. 그는 "검정색 나무 그림자를 역으로 생각하는 이외에는 아무런 작의가 없었다."면서 "나무와 그림자를 역으로 표현한 행위"라고

박현기,〈무제〉
포플러나무·횟가루, 강정, 1977

이강소, 〈무제〉
모래·구두·넥타이·소주·옷 등
강정, 1977, 『공간』지 인용

했다. 기자(서울신문)가 작업 의도를 물었을 때 그는 "그저 막연히 횟가루로 무엇인가 그리고 싶었을 뿐"이라고 말하였고, 캔버스 속에 오래 남아 있는 그림보다는 비바람과 사람들 발자국으로 쉽게 지워져 버릴 그림의 생명이 더욱 강렬할 수도 있다고 하였다.[33]

② 이강소, 〈무제〉, 모래·구두·넥타이·소주, 옷 등, 달성군 강정, 1977

이강소는 넓은 모래 바닥에 구두를 벗고 상의와 넥타이, 와이셔츠 양말을 일렬로 벗어 놓은 채 직경 5m의 모래성을 쌓아 올리기 시작했다. 30분 남짓 외곽에서 중심으로 원을 그리며 모래를 쌓아 올리는 행위를 계속했고, 마지막에는 모래 무덤 위에 올라앉아 소주를 마셨다. 기자가 모래 속에서 무엇이 나오냐고 물었더니 "아마 여러분은 사금이라도 나왔으리라 기대하셨겠지만 우리 자신은 아무것도 발견하지 못한 채 그저 모래만 열심히 팠다."고 했다.[34] 또한 그는 이런 행위를 "일상과 다른 차원에서 사물을 보는 즐거움을 맛보기 위한 것"이라 했다.[35]

---

33 「전위미술운동 지방으로 확산 : 대구미술제에 1백여 작가들 참여」, 『서울신문』, 1977.5.4; 「젊은 화가들의 이색축제 대구현대미술제」, 『한국일보』, 1977.5.3; 「전위미술의 현주소 보여준 대구현대미술제」, 『조선일보』, 1977.5.3.
34 『서울신문』, 위의 글.
35 『조선일보』, 위의 글, 1977.5.3.

③ 문범, 〈긴 천 이벤트〉, 긴 천, 달성군 강정, 1977

문범은 긴 천을 물결 따라 길게 늘어뜨리며 모래 위까지 연결했는데 "천을 통해 물기가 어떻게 젖어 올라오는가"를 보기 위한 것이라 말했다.[36]

④ 정재규, 달성군 강정, 1977

정재규는 강가 모래톱에 평행선을 그어나가면서 '산과 강, 그리고 모래 위에 선이 평행임을 현장에서 행위로 검증'하는 작업을 연출했다. 그는 강물과 평행으로 모래 위에 선을 수없이 그어놓고 물이 흐르고 있는 사실을 증명하는 작품이라고 주장했다.[37]

⑤ 이종윤, 달성군 강정, 1977

이종윤은 작가들의 이름이 인쇄된 대구현대미술제의 전시 카탈로그를 잘게 찢어 강물에 띄워 보내면서, 물속에서 오랜 시간 서있기도 했다.[38]

⑥ 장성진, 달성군 강정, 1977

장성진은 포플러 나무에 못을 박아 자신의 웃옷을 걸어 놓고 '나무에 인위적으로 못을 박아 자연과 인간의 관계'를 나타내었다.[39]

⑦ 이상남, 달성군 강정, 1977

이상남은 강가를 따라가면서 강물이 출렁이며 모래 위에 만든 갖가지 무늬를 발로 뭉개는 작업을 보여주었다.[40]

---

36 『서울신문』, 위의 글, 1977.5.4.
37 『조선일보』, 『한국일보』, 위의 글, 1977.5.3.
38 『조선일보』, 『한국일보』, 위의 글, 1977.5.3.
39 『조선일보』, 『한국일보』, 위의 글, 1977.5.3.
40 『조선일보』, 『한국일보』, 위의 글, 1977.5.3.

⑧ 백미혜, 달성군 강정, 1977

　백미혜는 모래 위에 수없이 까치집을 만들었다.[41]

⑨ 최병소, 달성군 강정, 1977

　여기저기에 자기가 지나간 시간을 적은 종이쪽지를 늘어놓고는 "자기와 자연이 만난 흔적일 것"이라고 설명했다.[42]

(2) 1978년 냉천 계곡, 제4회 대구현대미술제 이벤트

　제4회 대구현대미술제 이벤트는 '이벤트 기타 방법의 작업'이라는 이름으로 1978년 9월 24일 오전 10시부터 약 2시간 동안 달성군 가창면 냉천 계곡 주변에서 열렸다. 이벤트는 폐가의 잡초 우거진 마당에서 화투 노름을 하는 것으로 시작하였다. 행위예술은 신문과 잡지 등에 묘사된 작품만 15여점이다.[43] 냉천에 나와 빨래를 하며 이벤트를 구경하던 주민은 '밥 먹고 할 짓이 없어서'라고 반응하는 등 일반인이 이해하기에는 도통 어렵다는 반응이었다. 이들의 행위는 이상한 행동으로 비쳤다. 하지만 작가들은 자연에서 펼친 작업은 아무 의미 없는 짓이 아니라 개념으로 남게 될 것을 알고 있었다. 이상남은 현장에서 그들이 펼친 현대미술 작업에 대해 다음과 같이 말했다. "시간은 흘러가 버리지만, 또 상황은 시간에 따라 변하지만 우리가 이벤트를 했었다는 사실(작업)과 개념만은 변함이 없지 않느냐?"[44]

---

41 『조선일보』, 위의 글, 1977.5.3.
42 『한국일보』, 위의 글, 1977.5.3.
43 「이벤트와 다른 질서와 가능성 보여」, 『영남일보』, 1978.9.27; 「국내 첫 비데오 작업」, 『매일신문』, 1978.9.27; 「전위미술 실험잔치 제4회 대구현대미술제 야외이벤트」, 『조선일보』, 1978.9.27; 「행동하는 예술 대구현대미술제 이모저모」, 『서울신문』, 1978.9.26; 「지방화단에 실험열기 제4회 대구현대미술제의 희한한 전시 르포」, 『한국일보』, 1978.9.26.
44 『한국일보』, 위의 글.

① 김문자, 〈다듬이소리 - 08 - 78〉, 달성군 냉천, 1978

김문자는 옛 여인의 복장을 하고 물가에서 빨래 과정을 재연하였다. 광목 반 필을 빨고 자갈밭 위에서 방망이 다듬이질을 한 뒤 그 천에 흙 자국을 내어 전시장으로 가져갔는데 다듬이 소리를 통해 한국 여인의 한을 표현한 듯하다고 전하고 있다.[45]

② 김용민, 〈무한대의 공간과 선의 해방〉, 달성군 냉천, 1978

강용민은 개울가 포플러 숲 속에 두 뭉치의 흰 테이프를 가지고 나왔다. 테이프 끝을 포플러 나무에 묶은 다음 한 뭉치씩의 테이프 끝을 반대편으로 들어가면서 나무에도 묶고 풀섶에도 묶어 이어나가 테이프가 다 풀리면 각각의 끝을 나무에 묶었다. 김용민은 두 개의 흰 끈으로 나무와 나무 사이를 연결, 두 끈이 만나게 한 다음 다시 다른 방향으로 계속 끈으로 나무와 나무 사이를 연결해 나갔다. 그는 이에 대해 "끈은 곧 선으로서 하나의 개념이다. 이 개념은 다른 사물과 부딪히면서 개념만으로 떨어져 있는 상태를 방지한다. 그래서 인간과 사물, 테이프 즉 선이 다시 만남으로써 공생의 동시성을 갖는다."고 말했

김문자, 〈다듬이소리-08-78〉
광목·다듬이, 냉천, 1978. 『공간』지 인용

김용민, 〈무한대 공간과 선의 해방〉
끈, 냉천, 1978. 『공간』지 인용

---

45 『영남일보』, 『매일신문』, 위의 글.

다.[46] 또 그는 "갇힌 상태에서의 만남을 변증법적으로 파괴, 광대무변한 공간으로의 출발을 표현하였다."고 밝혔다.[47] 나무둥치를 끈으로 묶어 그 줄을 또 다른 쪽의 줄과 이음으로써 '선(끈)을 통한 나무의 만남'을 이루는 동시에 다시 그 만남의 점에서 서로 반대편으로 줄을 풀어나감으로써 만남의 완결을 출발 개념으로 되돌리고 있다.[48] 김인환은 서로 상반된 지역에서 시작된 두 선의 끝이 '만남'을 하나의 '완결' 상태로 보고, 이 완결 상태가 두 선의 접촉으로 파괴되는 지점에서 새로운 '출발'이라는 개념을 성립시키는 이벤트라 정리하였다.[49]

③ 이영배, 달성군 냉천, 1978

이영배는 횟가루로 흐르는 물을 가로질러 선을 그어나감으로써 자갈과 모래에는 선이 그어졌으나 흐르는 물에 그어진 횟가루는 흘러가 버리는 작업을 보여주었다. 그는 '행위가 남긴 현상의 변화하는 모습'을 보여주려 하였다. 또한 그는 "환경적인 데다 오브제를 사용, 강한 현상적인 것을 드러내고자 했다."고 말했다.[50]

④ 이강소, 〈무제〉, 달성군 냉천, 1978

이강소는 닭에 엎지른 페인트를 묻게 한 후 닭을 놓아주어 닭의 발자국과 같은 흔적을 돌 등에 남기고, 물감이 묻은 돌들을 주워 임의의 장소에 놓아두거나,

이강소 〈무제(수탉 이벤트)〉
수탉·페인트, 냉천, 1978. 『공간』지 인용

---

46 『서울신문』, 위의 글.
47 『매일신문』, 위의 글.
48 『영남일보』, 위의 글.
49 이강소, 「내일을 모색하는 작가들 – 제5회 대구현대미술제」, 『공간』, 1979.9, 78쪽.
50 『영남일보』, 위의 글.

흐르는 물에 던지는 행위를 하였다. 그는 어떤 상황의 설정 자체를 보여주고자 했다. 그는 이 이벤트에 대해 '아무 뜻이 없다'고 주위 사람들에게 말했다.[51]

⑤ 황현욱, 〈돌글 이벤트〉, 달성군 냉천, 1978

황현욱은 수성페인트로 돌 위에 숫자를 쓰고 이를 흐르는 물속에 던져 지워지는 과정을 보여주었다. 그는 숫자가 다시 물에 의해 흩어지는 모습을 통해 하나의 현상으로서 물질이 강조되고 그 결과로서 개념만이 남는다는 논리를 피력했다. '인간이 남긴 것은 결국 개념 뿐'임을 보여주었다.[52]

황형욱, 〈돌글 이벤트〉
수성페인트 · 돌 · 냇물, 냉천, 1978. 『공간』지 인용

⑥ 김성구, 〈성구의 대구 나들이〉, 달성군 냉천, 1978

김성구는 전시장부터 냉천에 이르는 동안 자신의 작품 발표회를 알리는 포스터를 뿌림으로써 페이퍼 디어터를 연출하였다.[53]

⑦ 도지호, 달성군 냉천, 1978

도지호는 분무기로 비닐수지를 뿜어 자갈밭에 거미줄 형상을 얽어 놓음으로써 공간 속의 상황을 표현한 작업을 보여주었다.[54]

---

51 『영남일보』, 『매일신문』, 『공간』, 위의 글.
52 「전위미술 실험 잔치 제4회 대구현대미술제 야외이벤트」, 『조선일보』, 1978. 9. 27; 『매일신문』, 『영남일보』, 위의 글.
53 『조선일보』, 위의 글.
54 『조선일보』, 『영남일보』, 위의 글.

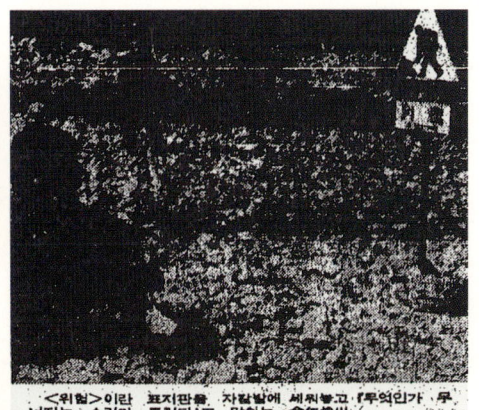

김영진, 〈무제(풍선 이벤트)〉
풍선·펜, 냉천, 1978

김연환, 〈무너지는 소리〉
표지판(냉천개발, 위험), 냉천, 1978.
『서울신문』 인용

⑧ 김영진, 〈풍선이벤트〉, 달성군 냉천, 1978

김영진은 '이벤트'에 참가한 사람들의 이름을 써 넣은 종이를 풍선에 매달아 가을 하늘로 날려 보내는 작업을 하였다.[55]

⑨ 김연환, 〈무너지는 소리〉, 달성군 냉천, 1978

김연환은 개울 자갈밭에 위험이란 글자가 새겨진 신호판을 세웠다. 그 신호판 밑에는 (주)냉천개발이란 글자가 새겨져 있었다. 작가는 "여기서는 무엇인가 무너지는 소리가 들린다. 그것은 우리의 안에서인가 밖에서인가? 그 소리를 들으며 우리는 새로운 우리의 장래를 생각해 볼 필요가 있다."고 말했다.[56] 그는 개발표지판이 세워진 곳에 일정 구획을 지운 후 그 속에 들어앉아 있음으로서 기성의 가치에 붕괴되는 일면에 대해 풍자했다.[57]

---

55 『조선일보』, 위의 글.
56 『서울신문』, 위의 글.
57 『영남일보』, 『조선일보』, 위의 글.

⑩ 장경호, 달성군 냉천, 1978

장경호는 시멘트 바닥 위에 직사각형을 그려 구획을 지은 후 주위에 흩어진 돌들을 모아 구획된 공간 속에 들어갔다가 그 돌들을 다시 원래 있던 자리로 갖다놓음으로써 원래의 현상에 행위를 첨가함으로써 이루는 의미를 들추어내었다.[58]

⑪ 문범, 〈See&Look〉, 달성군 냉천, 1978

문범은 흰 페인트로 타원과 짧은 일직선을 그렸다. 타원 속에는 가방, 돌, 나뭇잎 등을 일직선 상에는 카메라를 배열한 뒤 구두로 퍼온 냇물을 끼얹고 사진촬영을 하였다. 작가는 '대상을 선택해 사진으로 재현'해 보았다.[59]

⑫ 이건용, 〈울타리와 탈출〉, 달성군 냉천, 1978

이건용은 모래땅에 말목을 박은 후 흰 끈을 묶어 그 끈을 자신의 몸에 감고 돌다가 다시 끈을 자른 후 남은 끈에 자신의 발목을 묶은 다음 말목을 중심으로 온몸으로 원을 그리며 돌았다. 이 같은 행위 후 십여보 떨어진 물 위에다가 말목들을 조립해서 집처럼 세우고, 말목 주위의 원과 물속의 집 주위에 울타리를 만드는 행위를 하였다.[60]

⑬ 강정헌, 〈선택〉, 달성군 냉천, 1978

강정헌은 인간의 흔적이 남은 부분을 선택하여 그것을 작업장의 선으로 한정한 후 천에 접착제를 묻혀 땅에 뒤집어 씌워 들어낸 후 천에 묻고 남은 것들을 분류하는 작업을 했다. 행위를 통해 자연과 인간과의 무의도적 인과관계를 분석하였다.[61]

---

58 『영남일보』, 위의 글, 「지방화단에 실험열기 제4회 대구현대미술제의 희한한 전시 르포」, 『한국일보』, 1978.9.26.
59 『영남일보』, 『매일신문』, 위의 글.
60 『영남일보』, 『매일신문』, 『조선일보』, 위의 글.
61 『영남일보』, 위의 글.

⑭ 이상남, 달성군 냉천, 1978

이상남은 큰 돌은 큰 돌대로 작은 돌은 작은 돌대로 또 빛깔이 같은 것만 골라 돌무덤을 쌓았다.[62]

⑮ 작가 미상, 달성군 냉천, 1978

두 사람이 펌프 통을 들고 나타나 돌 위에 펌프질을 계속하였다.[63]

(3) 1979년 강정 낙동강, 제5회 대구현대미술제 이벤트
이강소는 1979년 낙동강변 이벤트 현장의 분위기를 다음과 같이 전하였다.

"1978년 7월 8일 정오 무렵, 낙동 강변은 몹시 더웁기도 했다. 그러나 이벤트의 현장을 감싸도는 공간은 긴장과 호기심, 당혹과 의구, 그런가 하면 친근하고도 자유로운 공기가 더위마저도 휩싸버리고 강변은 조그만 흥분과 부드러움이 깔린 것 같았다. 열한시 반쯤 강을 건네주는 통통배를 타고 저 쪽 강안에 닿은 200여 관중은 오솔길을 따라 사람들을 따라 잡담들을 하면서도 어떤 일들이 펼쳐질까 자못 궁금증을 가지고 걸었으리라."[64]

이렇게 제5회 마지막 대구현대미술제의 이벤트가 더위와 흥분, 기대 속에 시작하였다. 오전 11시경부터 오후 3시까지 펼쳐진 이벤트에는 이건용, 김정태, 문범, 김수자, 김용민, 구마가이 고이치로 등 6명의 작가가 참여하였다. 이전보다 작가 수가 줄었지만 작업이 심화되고 정리된 면을 보여주었고, 행위로서 사물의 근원에 접근하려는 창조적인 움직임과 현대미술을 새 차원으로 발전시키려는 노력을 보여 주었다고 매일신문은 전하였다. 이

---

62 『한국일보』, 위의 글.
63 『한국일보』, 위의 글.
64 이강소, 「내일을 모색하는 작가들 - 제5회 대구현대미술제」, 『공간』, 1979.9, 72쪽.

해의 이벤트에 대해서도 몇 건의 신문의 기사를 참고하였다.[65] 현장에서 전한 이야기 가운데 이우환은 현장 작업에 대해 '지금까지 없던 커다란 사건'이라 표현하였고, 이강소는 그때까지의 현대미술에 대한 무시나 편견에도 불구하고 '언젠가는 하찮은 우리 주변에 널려있는 모습들을 애정의 눈으로 바라보고 예술로 승화시킴으로써 그것들이 뜻있음'을 알게 될 것이라 말하였다.[66] 사람들의 냉대에도 불구하고, 작가들이 가졌던 자신들의 작업에 대한 의지와 확신을 느낄 수 있다. 그들이 추구한 전위적 예술 활동이 단지 외형적인 닮음에 머무르지 않고 자신들의 환경과 전통, 정신적 배경 아래 새롭게 해석하고 창조하여 갔음을 이러한 자연 현장의 행위예술을 통해 확인할 수 있다.

① 이건용, 〈장소의 논리〉, 〈선잇기〉, 달성군 강정, 1979

〈장소의 논리〉, 30분

나무 말목 하나와 노끈 한 뭉치를 들고 강에 잇닿은 모래벌로 걸어 들어갔다. 아무 곳에나 말목을 꽂았다. 말목에 노끈 고리를

이건용, 〈장소의 논리(여기, 저기)〉
말뚝·노끈, 강정, 1979

---

65 「사물의 근원에의 접근」, 『매일신문』, 1979.7.9; 「대구현대미술페스티벌」, 『영남일보』, 1979.7.10; 「백사장 위의 현대미술 이벤트 페스티벌」, 『동아일보』, 1979.7.11; 「다섯 번째로 여는 대구현대미술제 일 작가 참여로 큰 성과」, 『경향신문』, 1979.7.10.
66 『경향신문』, 위의 글.

걸고 두 줄의 노끈을 풀어갔다. 4미터쯤 갔을 때 노끈을 자르고 두 줄을 이었다. 잘라 이은 끈을 고정시키고 다시 말목으로 돌아와 쇠자로 말목에 중심을 둔 원을 그렸다. 말목에서 조금 떨어져 엄숙하게 선 그는 오른손으로 '여기, 거기, 저기'라고 장소를 가리킨 뒤 노끈을 고정시킨 곳으로 들어가 노끈 고리를 왼팔에 걸고 시계바늘과는 반대방향으로 천천히 돌면서 '어디, 어디'라고 말했다. 조금 뒤 조깅을 하는 식으로 달렸다. 그러다 다시 말목 앞에 돌아가 하늘을 가리키며 '여기, 저기, 거기'를 지적한 뒤 '어디, 어디'라 하고, 팔과 말목 사이에 고정된 노끈이 있기 때문에 한 치도 고정된 범위를 벗어날 수 없었다. 따라서 발자국으로 이뤄진 원주가 한계선이었다. 하염없이 같은 방향으로 돌자 말목에 걸린 노끈 고리가 위로 움직이면서 벗어졌다. 행위는 이로써 마무리 되었다. 그는 '동양인의 사색, 돌 한 덩이에서 유추되는 우주적인 파악' 쯤으로 설명을 붙였다.[67]

〈선잇기〉, 20분

오전 11시 50분쯤 한 무리의 작가들과 구경꾼들이 나룻배로 강을 건넜다. 이들 가운데 앞서가던 이건용은 흙이 걷히고 드러난 포플러 뿌리가 있는 곳에 발을 멈추었다. 나무 뿌리 한줄기가 뻗어나간 방향으로 모래를 치워 자기 키만큼 뿌리를 노출시켰다. 뿌리가 향한 방향을 확인한 뒤 주머니에서 패스포트, 볼펜, 라일락껌 겉 포장지, 껌 안 포장지, 은빛 포장지, 현대미술제 안내서, 연필깎기 칼, 성냥 겉통, 성냥개비, 성냥 속통, 물건 포장지, 라이터, 십원권 동전, 백원권 동전, 천원권, 토큰을 쭉 늘어놓았다. 그런 다음 그 끝자리에 자기도 배를 깔고 엎드렸다. 그리고는 돌아서서 널린 물건을 반대편에서부터 차례대로 주워 넣었다. 그는 이 작업에 대해 "자신의 생과 연결시켜 본 행위"라고 말했다.[68]

---

67 「대구현대미술페스티벌」, 『영남일보』, 1979.7.10.
68 『매일신문』, 『영남일보』, 위의 글.

김정태, 〈이벤트 79-7,8〉 비닐포·풀·벌레 등, 강정, 1979

② 김정태, 〈이벤트 79-7.8〉, 달성군 강정, 1979

　작가는 반반한 포플러 숲 잡풀 위에 얇은 비닐포를 3미터쯤 길이로 쭉 폈다. 가장자리를 손으로 다독거려 비닐포를 팽팽하게 고정시킨 뒤 주머니에서 매직펜을 꺼냈다. 비닐포 위로 건너 비치는 풀, 벌레 등의 모습을 그리기 시작했다. 비닐포 위에 모습을 그린 풀들은 하나하나 뽑아서 비닐포대에 담았다. 2시간 이상의 작업이 끝나자 비닐포 위에는 갖가지 모양의 풀잎들이 평면으로 나타났다. 작업을 마치자 비닐포를 걷어 풀을 넣은 비닐포대에 넣은 뒤 강변 모래벌을 후벼파고 묻어 버렸다. 그는 "아무것도 남아 있지 않은 것 같지만 작업을 하는 과정이 중요하고 그 작업을 했다는 사실은 없어질 수 없는 거죠."라고 말했다.[69]

③ 문범, 〈본다는 것〉, 30분, 달성군 강정, 1979

　문범은 자기 키만한 나뭇가지 하나를 꽂고는 10여 미터 되는 노끈으로 양은그릇과 나뭇가지와 연결시켜 묶고 그릇을 물 위에 던졌다. 그릇은 줄에 매달린 채로 강물 위로

---

69 「백사장 위의 현대미술 이벤트 페스티벌」, 『동아일보』, 1979.7.11.

문범, 〈본다는 것〉
나뭇가지 · 노끈 · 양은그릇, 강정, 1979. 『공간』지 인용

서서히 떠내려갔다. 그는 그곳을 향해 일직선으로 첨벙첨벙하며 들어가 그릇을 손에 들고 물을 가득 퍼서는 나뭇가지를 응시하다가 눈을 감고 그곳을 향하여 똑바로 걸어갔다. 그리고 나뭇가지가 있는 장소로 예상되는 곳에 서서 눈을 떴다. 그러고는 실제 있는 장소와 자기가 겨냥해서 온 장소를 번갈아 보며 자기가 선 곳에 물을 쏟아버렸다.[70]

④ 김용민/ 김수자, 〈2인의 이벤트를 위한 공간〉, 달성군 강정, 1979

김용민과 김수자의 작업은 서울에서 출발한 시각부터 작업의 행위를 계속했다. 제각기 떨어져서 일상적인 행위를 하면서 자기들의 행동을 메모하기도 하고, 포플러 숲을 뒤져 강변이나 들판에 버려진 여러 가지 잡동사니, 풀, 나뭇가지 등을 수집하여 오후 1시 50분쯤 채집한 물건을 가지고 나룻배를 탔고, 배 위에서도 열심히 뭔가를 메모했다. 그들은 매일화랑 안에 나란히 제각기의 방을 구획 짓고, 자기가 쓴 메모지와 갖가지 모은 물건들을 그 방에다 붙이기도, 걸기도, 놓아두기도 하였다.[71]

⑤ 구마다니 고이치로, 〈공지空地의 사상〉, 2시간 30분, 달성군 강정, 1979

작가는 허리까지 오는 가는 나뭇가지를 여기저기 꽂았다. 모래사장 옆 나지막하고도 완만한 경사로 둑을 이루고 있는 곳을 양변 10미터, 2미터 가량으로 이중트랙을 이루도록

70　이강소, 「내일을 모색하는 작가들 – 제5회 대구현대미술제」, 『공간』, 위의 글, 72쪽; 『영남일보』, 위의 글; 「사물의 근원에의 접근」, 『매일신문』, 1979.7.9 참고.
71　이강소, 위의 글; 『영남일보』, 『매일신문』, 위의 글.

구마다니 고이치로, 〈공지의 사상〉 나뭇가지·말뚝, 강정, 1979

가지를 꽂았다. 그 가지 상단부를 노끈으로 전부 잇고는 트랙을 이루는 안쪽 줄과 바깥 줄 사이의 간격이 30센티미터 가량 떨어진, 공간의 밑부분이 되는 모래 땅에다가 그가 미리 준비해 온 아흔 아홉 개의 말목(9×9×60cm)을 하나씩 큰 망치로 쳐서 들어갈 수 있는 데까지 박는 작업을 계속한다. 있는 힘을 다해 박아가는 이 작업을 두 시간여 동안 계속했다. 60~70센티미터 간격을 두고 60여 개를 한 바퀴 박은 그는 남은 말목을 모래사장을 향해 하나씩 있는 힘을 다해 내던졌다. 말목들은 공중에서부터 포물선을 이루며 제각기 백사장 위에 아무렇게나 놓여져 버리고 말았다. 마치 땅에 박듯이 허공에 박은 양상을 보여주었고, 모래 위에 말목을 가만히 놓아두고 작가는 조용히 그곳을 떠났다.[72]

---

[72] 이강소, 위의 글.

4. 대구현대미술제의 특징

1) 행위 예술과 비디오 매체의 유형

　대구현대미술제는 행사의 기획단계에서 새로운 예술언어를 수용하고 확장하기 위해 일정 부분 형식을 제시하고 작가들을 이끄는 모양새를 보여준다. 따라서 새로운 형식이나 매체를 소개하는 데 있어서도 그것이 집단적으로 출현하는 양상을 띤다. 그 예로 야외에서 펼쳐진 행위예술과 비디오 매체의 등장을 꼽을 수 있다. 앞장에서 기술한 행위예술은 29가지 작품으로 확인되는데, 이들 작품에서는 유사한 경향이나 특징을 찾아볼 수 있었다.

　다수의 행위 작품들은 물, 그림자 등을 이용해 시간의 흐름에 따라 변화하는 존재의 모습을 보여주고자 했다. 시시각각 변하는 나무의 그림자를 횟가루로 그리는 박현기의 작업이라든지, 강가 모래톱에 평행선을 그어나가면서 물이 흐르고 있음을 증명한다는 것들은 어떠한 존재도 시간에 변화하고 있음을 증명하는 것이다. 이상남이 강가 모래 위의 물결무늬를 발로 뭉개고, 문범이 긴 천에 물이 젖어가는 모습을 보는 작업들에서도 물질의 상태나 모습이 변화하는 것을 보여준다. 이영배는 모래, 자갈, 물 위에 횟가루로 일직선을 그은 후 물에 떠내려가는 흔적들을 보면서 '행위가 남긴 현상의 변화하는 모습'을 보여주려 했고, 황현욱은 〈돌글 이벤트〉에서 수성페인트로 쓴 돌 위에 숫자가 물속에서 없어지는 모습을 보여주고는 개념은 남는다고 했다. 이러한 것들은 물질을 하나의 현상으로 보고, 이러한 현상 자체를 변화하는 존재의 개념으로 남기려 한 것이라 볼 수 있다.

　일상과 다른 임의적인 상황을 설정하여 예기치 않은 경험을 유도하기도 했다. 1977년 이강소는 모래바닥에 구두와 넥타이, 옷 등을 차례로 벗어놓고 모래무덤을 만들고 그 위에 올라 앉아 소주를 마시며 '일상과 다른 즐거움'을 맛보려 했다고 한다. 그의 또 다른 행위 작품인 물감이 묻은 닭을 놓아두는 냉천에서의 이벤트는 인위의 상황을 설정하여 거기서 벌어질 일을 사람들이 관찰하도록 했다. 1978년 김연환은 〈무너지는 소리〉에서 기성 가치의 붕괴와 인류에 대한 문제의식을 '위험'과 '개발' 표지판으로 연출하기도 했다. 장경호는 시멘트 바닥 위에 직사각형을 그려 구획을 지은 후 주위에 흩어진 돌들을 모아 구획된 공간 속에 들어갔다가 그 돌들을 다시 원래 있던 자리로 갖다놓음으로써 원래의 현상에 행위가 첨가되어 일어나는 의미를 들추어내었다. 이와 같은 작품에서는 어떤 구조된 설정이나 극적인 연출을 통해 관람자들의 감각을 환기시키거나 새로운 문제제기를 하도록 했다고 볼 수 있다.

장소성과 시간성과 관련된 작품도 다수 있었다. 이건용의 1978년 〈울타리와 탈출〉과 1979년 강정에서의 〈장소의 논리(여기, 저기)〉, 〈선잇기〉 작품은 장소와 관련된 작가의 관심을 보여준다. 〈울타리와 탈출〉에서는 안과 밖의 개념을[73] 〈장소의 논리(여기, 저기)〉에서는 위치에 따라 상대적인 장소의 의미, 명칭을 생각하게 하였다. 김용민의 〈무한대의 공간과 선의 해방〉은 공간의 시작과 끝이라는 문제에서 출발했을 때 그 도달점은 순환한다는 것을 보여준다. 1977년 최병소가 장소와 시간의 개념을 기록하였다면, 1978년 김영진은 참가자의 이름을 적었다. 이들의 작품에서 기록의 의미는 어떤 시간과 장소에 대한 사라지더라도 남게 될 흔적이 될 것이다. 마찬가지로 김용민과 김수자의 〈2인의 이벤트를 위한 공간〉에서 수집한 일상적인 행위나 물건들 역시 지나간 시간과 장소의 의미를 반추하는 것이다. 김정태가 매직펜으로 비닐포에 비친 풀, 벌레 등의 모습을 그리고 그것을 싸서 묻은 것은 마치 한 시점과 장소가 그 아래에 영원히 남게 되는 것을 말한 것이 아닐까 한다.

이와 같이 작가들이 바깥으로 나가 자연을 통해 보여준 작업 중 다수는 예술의 비물질성과 개념, 존재의 현상적인 측면을 드러내는 작업이었다. 따라서 행위가 벌어진 일광 아래 흙과 돌, 물이 있는 장소는 작가의 손이 아닌, 자연에 의해 드러나고, 일련의 과정을 통해 그것을 증명할 수 있다는 점에서 작가들에게 매력적인 선택이었을 것이라 생각한다.

---

[73] 류한승, 「1970년대 중·후반의 이벤트」, 국립현대미술관 연구논문, 2015, 151쪽.

이처럼 행위예술은 당대에도 이미 경험한 매체였지만, 자연을 배경으로, 자연을 재료로 구사되면서 또 다른 개념을 획득했다고 볼 수 있다. 이와 함께 비디오의 등장은 행위예술과 더불어 대구현대미술제의 확장된 표현의 장을 열어 주었다. 1978년 제4회 대구현대미술제 3부 비디오&필름에서 김영진, 박현기, 이강소, 이현재, 최병소의 비디오 작업은 함께 제작되기도 했지만, 전시장에서도 같은 모니터에 상영되었다고 한다.[74]

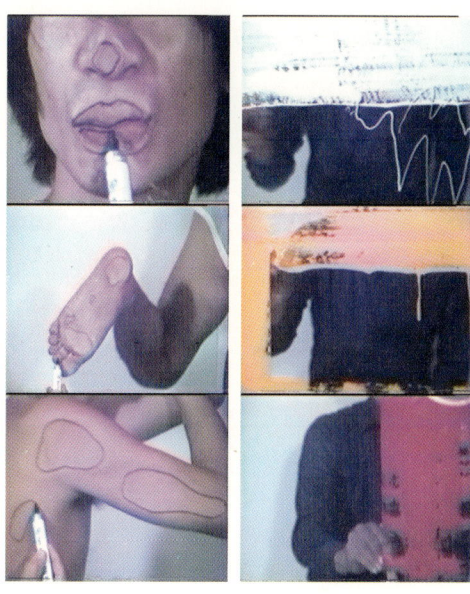

김영진, 〈1978/2〉
비디오, 1978

이강소, 〈Painting1978-1~6〉
비디오, 29'45", 1978

① 김영진, 〈1978/2〉, 비디오, 1978

김영진은 화면에서 커다란 유리에 머리부터 발끝까지 자기 인체 부분들을 접착시켜 인체와 유리가 맞닿아 생기는 형태를 매직펜으로 다른 쪽 유리면에 그려보는 과정을 기록하였다.

② 이강소, 〈Painting 1978-1~6〉, 비디오, 29분 45초, 1978

이강소는 화면 안쪽에서 바깥쪽을 향해 붓으로 페인트를 규칙적으로 칠하였다. 점점 화면 전체를 페인트로 칠하고 만다. 가로와 세로 색깔을 바꾸어 가면서 조금씩 다른 여섯 개의 시리즈 작품을 내놓았다.[75]

---

74 비디오 작품의 제작년도에 대해 엇갈린 기록이 있다. 박현기는 조명기구의 그림자를 보여준 첫 비디오 작품의 제작년도를 1977년으로 기록하고 있으나, 이때의 작품은 5명의 작가가 함께 제작한 작품이며, 제작년도에 대한 정확한 자료가 남아있지 않아 잠정적으로 1978년으로 기록한다.
75 이강소, 「내일을 모색하는 작가들 - 제5회 대구현대미술제」, 『공간』, 79쪽.

③ 박현기, 〈Reflection 시리즈〉, 비디오, 1978

박현기의 화면에는 수면에 비치고 있는 스튜디오 조명 기구의 그림자가 보인다. 반영된 그림자의 모습은 고정된 형태에서 점점 트레이의 물이 물결침에 따라 일그러졌다가 다시 본래 형상으로 되돌아오는 과정을 보여준다.[76]

박현기, 〈무제(Reflection Series)〉 비디오, 1978
최병소, 〈무제〉 비디오, 1978
이현재, 〈무제〉 비디오, 1978

④ 최병소, 〈무제〉, 비디오, 1978

최병소는 화면을 목탄지에 고정시킨 뒤, 자기가 목탄을 들고 종이 전체를 반복해서 문질러 칠해 나간다. 그리고 지우개로 다시 목탄을 제거해 나간다. 그러나 종이도 견뎌나지 못하고 찢어지고, 결국 종이마저 화면에서 사라져 버린다.[77]

⑤ 이현재, 〈무제〉, 비디오, 1978

이현재는 탁자 위에 세 개의 컵과 콜라가 가득찬 병을 놓고는 콜라를 컵에 부었다가 다시 병에 담는 작업을 계속한다. 그 결과 종국에 가서 콜라는 병에도 컵에도 남지 않는다.

---

[76] 위의 글, 79쪽.
[77] 위의 글, 79쪽.

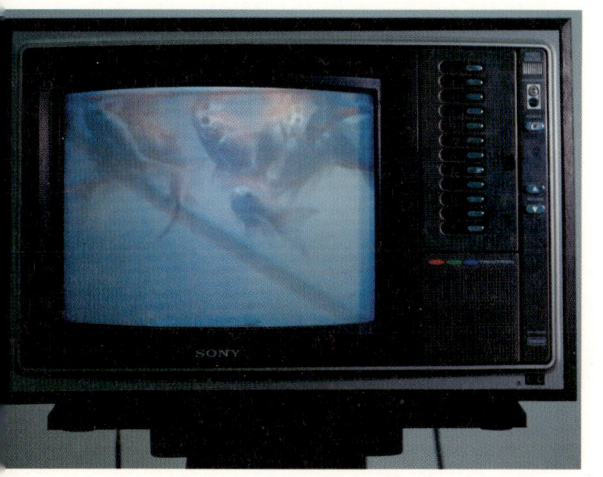

박현기, 〈무제(TV어항)〉 비디오, 1979

콜라를 어디에 붓는다는 의지와 달리 탁자 위에 조금씩 흘려버린 것을 보여준다.[78]

⑥ 박현기, 〈무제(TV어항)〉, 비디오, 1979

1979년 제5회 대구현대미술제에서 박현기는 〈무제(TV어항)〉을 출품하였다. 이 작품은 화면이 마치 어항인 것처럼 금붕어가 어항 속에서 유영하는 모습을 보여준다. 박현기는 이 작품의 기술적인 문제를 해결하기 위해 1978년 일본으로 건너가 빅토르 비디오Victor Video에서 연수를 하였고, 문제를 해결하였다고 한다.

비디오 작품은 새로운 기술과 시각적 경험을 보여준다는 점에서 평면이나 설치, 행위 등 여타 다른 매체와는 차원이 다른 것이라 생각하기 쉽다. 하지만 위에서 보여준 작가들의 비디오 작품은 자연에서 새로운 관점을 환기시키는 것처럼, 비디오 작품 역시 대상에 대한 관찰과 또 하나의 프레임으로서 '본다'는 것에 대한 의식과 지각의 경험을 준다. 박현기의 경우 비디오의 거울과 같은 반영적 성격을 작품에 활용하였다. 1978년 물에 비친 조명의 상을 찍은 〈무제〉 작품을 물에 반영해 보거나,[79] 낙동강 물에 거울을 꽂아 촬영한 반영시리즈 〈무제〉 등에서 그러한 작용을 볼 수 있다. 이강소는 관람객을 향해 물감을 칠하는 듯한 설정에서 안과 밖을 이어주는 것 같은 비디오 매체의 구조적 특징을 이용하였다. 한편 행위와 비디오 등 여러 매체를 사용한 작가들의 경우에도 작업은 평면, 오브제 등 설치, 행위, 비디오 등 다양한 형식을 선보이고 있지만 작업의 의도나 개념은

---

[78] 위의 글, 79쪽.
[79] 박현기는 이 비디오 작업을 다시 물에 비쳐보는 설정을 해보았고, 그 자료가 필름으로 남아 있다.

일관되게 연결되어 있음을 볼 수 있다. 매체의 사용은 결과적으로 자신들의 개념을 작품으로 실현하기 위해 적절하게 선택되었다고 볼 수 있다.

2) 주요 작가와 작품 경향

다양한 매체가 소개된 대구현대미술제에서는 한 작가가 오브제 설치, 행위, 비디오 등 여러 방법을 사용하는 모습을 보여 주었다. 작가들이 구사하는 작품과 매체는 다양한 모습처럼 보이기도 하지만 작가들이 추구하고, 생각하는 바를 일관되게 담아내고 있다. 앞서 대구현대미술제를 전후한 맥락에 대해 이야기 했듯이 그들은 회화나 전통적인 재료를 떠나 자신들의 예술과 사상을 자유롭게 구사해 줄 수 있는 새로운 언어, 즉 형식이 필요하였다. 그들의 표현이나 작품의 형식적인 유사성 때문에 일부에서는 서구 전위 예술의 모방이라는 비판을 받기도 했지만, 이것은 그들의 예술적 표현을 풍부하게 한 한 방편이라고 보는 것이 더 맞을 것이다. 유독 다른 현대미술 행사나 현대미술제에서 볼 수 없었던 매체별 소개라든지 집단적인 발표가 작가들의 실험적 시도와 그에 대한 자발적인 요청에 의해 진행된 것임을 본다면 말이다. 한편 이들의 작품은 여러 매체의 사용과 다양한 시도를 통해 그 스펙트럼이 넓어지고 풍부해졌다. 대구현대미술제를 전후한 주요 작가들의 작업을 통해 1970년대 작가들의 관심과 주요 경향을 살펴보고자 한다.

이향미(1948~2007)는 대학에서 기하학적이고 옵아트적인 작품 경향을 보여주었으나, 학교를 졸업하고 대구로 돌아온 후 어떤 영향 없이 자유롭게 작업을 하였다 한다. 그는 일상의 것을 자연스럽게 보여줄 수 있는 것

이향미, 〈색자체〉
한지위에 유채물감, 160×130cm, 1975

이 '흘림'이라 생각하였다. 흘림의 배경은 양식적 경향이나, 학문적 접근보다는 있는 그대로의 자연을 추구하였다는 것이 맞을 것이다. 1974년 경 〈자연으로부터 문명〉이나 이후 지속한 〈색자체色自體〉 시리즈는 물감을 한지나 캔버스에 흐르도록 한 작업이다. 색채와 위치, 양 등을 바꾸어 가면서 다양한 변조를 보여주는 작품은 이전의 날카롭고 질서있는 기하학적이고 옵티컬한 작업과 단절하고 '자연'이라는 화두를 선보인 작업이다.

이명미(b.1950)는 〈상황, 현상〉, 〈연기緣起(Karma)〉 시리즈 등의 작품을 1970년대 초중반에 보여주었다. 〈상황, 현상〉은 밧줄을 묶은 듯한 평면 형상과 실제 밧줄이 배치된 작품이었고, 〈연기〉 시리즈는 스폰지에 불을 그을리거나 스폰지로 물감을 묻혀 형상을 배열한 작업이었다. 그린다는 행위와 대상을 통해 단순한 화면에서의 유희가 아닌 미학적 당위성과 사상적 필연을 스스로 요청하였다. 각자의 생각을 치열하게 토론하고 비판했던 1970년대 당시 이명미가 보인 관심은 불교 철학에 있었다고 한다. 그를 대표하는 〈Game〉 시리즈는 1970년대 중후반에 탄생한다. 당대에 주류로 유행한 절제된 모노크롬 회화가 아닌 원색을 사용한 작품으로 주류와 관계없는 독자적인 행보를 보여주었다. 게임 시리즈는 당대 작가들의 생각이 한편으로는 누구의 간섭이나 잣대가 아닌 자유로운 분위기에서 탄생하였음을 짐작하게 한다.

황태갑(b.1948)은 〈침과 판〉(1975), 〈Sha-Sha〉 (1975), 〈후기(Epilogue)〉 시

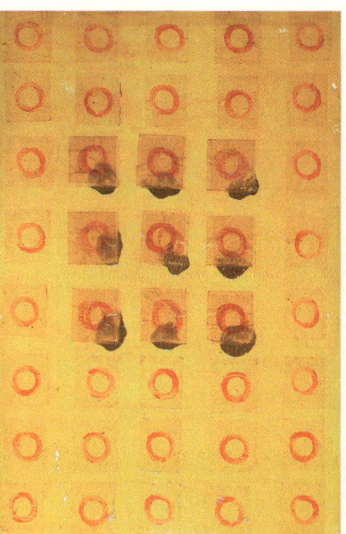

이명미, 〈연기(緣起)의 역(易)〉
1974

이명미, 〈놀이(Game)〉
on oil canvas, 162×130cm, 1977

리즈 등을 제작하였다. 조소를 전공한 그는 오브제나 신문, 복사 등의 방법으로 설치한 작품을 제작하였다. 이 작품들에서는 사회 현실에 대한 고발과 같은 참여적인 모습을 볼 수 있다. 〈Sha-Sha〉(1975), 〈후기(Epilogue)〉는 신문지를 오려 붙여 배치했고, 〈침과 판〉은 매달아 놓은 마대자루와 바닥에 이쑤시개를 촘촘히 박아 놓았다. 실제로 그는 〈침과 판〉을 전시한 후 앞산 아래 당시 안기부에 불려가 작품의 의도에 대해 심문을 받기도 했다. 유신정권 아래 작가들의 표현은 현실고발에 자유롭지 않았지만 직접적이지 않은 은유나 파괴된 표현 등의 방식으로 나타나기도 했다.

황현욱(1948~2001)은 1973년 개인전인 《비오브제》전에서 개별적인 작품 설명보다는 그의 사고의 배경에 대해 언급하였다. 작가보다는 화랑의 디렉터, 기획자로 알려져 있는 그의 철학적 입장은 개인의 작품에서 뿐 아니라 1970년대를 관통하는 실험적, 개념적 시도들의 배경에 대한 단초를 제공한다는 점에서 눈여겨 볼 필요가 있다. 그는 다음과 같이 말했다. "인간은 자연과 함께 주어진 〈세계-내-존재〉로서 우주의 내재적 힘에 의하여 나타난(놓여진) 산태적 존재이다. 우리가 눈을 뜸과 동시에 외부와의 관계로 놓여진 모양(상태일무). 그리고 노자의 도(무)의 힘에 의하여 물과 물의 반작용으로 생성 화육되는-변화의 가능성을 내포한-우주의 내적 기본원리로 주목된다."[80] 그는 인간과 자연이 작동하는 근본

황태갑, 〈침(針)과 판(板)〉
마대·이쑤시개 등, 1975

황현욱, 〈매체〉
한국실험작가전 참가작, 1974

---

80 황현욱, 「비오브제전의 시론적 사고」, 《비오브제전》, 1973, 명동화랑.

적 원리에 다가가려 하였다. 어렵게 쓴 장황한 논리 가운데서도 어떤 상태나 과정에 대한 논리, 모든 상태의 변화 가능성에 주목한 그의 시각은 중요하다. 대구현대미술제에서 보여준 숫자를 쓴 돌을 물에 던지는 행위에서 시간과 물질과의 관계, 변화하는 현상에 대한 고찰을 보여준다.

박현기(1942~2000)은 초기 〈몰〉시리즈를 선보였다. 1974년 〈몰沒〉작품은 휴지가 물에 젖어 형태가 변한 모습을 보여주었다. 숨기다 가라앉다의 뜻을 가진 '몰沒'이란 제목은 1975년에는 흙손의 실루엣을 남긴 흔적에다 흙손 자루를 붙인 작품으로도 발표하였다. 변화하는 사물의 모습이나 흔적은 존재의 변화하는 모습과 부재 가운데 발견되는 존재의 모습을 관찰하는 것이라 볼 수 있다. 존재의 흔적이라는 점에서 그림자나 반영된 존재의 모습 역시 같은 맥락이다. 그가 행위로 보여준 1977년 포플러 나무 그림자를 횟가루로 그린 작품이나 1978년 물에 반사된 조명 그림자가 그러하다. 특히 영상映像의 경우 사물을 그대로 따라가는 그림자 또는 일루전의 속성을 보여준다. 그의 비디오 작품이 서구 비디오

박현기, 〈몰〉
휴지·물, 1974

박현기, 〈몰(沒)〉
캔버스·흙손자루 등 90×90cm, 1975

아트와 다른 것은 영상을 하나의 실체에 대한 기록이나 증거로 삼지 않고, 그림자와 같은 비물질적인 요소를 표현하였다는 점이다. 1979년의 〈무제(TV여행)〉이나 강에 꽂은 거울에 반사된 물과 그 거울이 물에 비치는 모습을 기록한 영상 〈무제〉(1979) 역시 반영의 구조를 중첩시켜 표현하였다. 그의 대표작인 돌탑 사이에 돌 영상 모니터를 같이 쌓은 돌탑 비디오 〈무제〉(1979)는 영상을 하나의 비물질적인 요소로 부재하는 존재를 표현했을 뿐 아니라, 실제 돌 역시 가변적이고 임의적인 상황에 놓아두어 변화할 수 있는 존재라는 것을 인식시켜 준다.

이강소(b.1943)는 설치, 행위, 비디오, 평면 등 다양한 매체를 사용하였다. 그는 1970년대에 관객이 지각할 수 있는 구조적인 상황을 설정하고, 이를 통해 관객의 인식을 끌어내는 작품을 많이 제작하였다. 1975년 〈무제〉 돌, 돌조각, 돌 사진을 배치한 작품, 1976년 물감 튜브나 물감 통 이미지의 판화와 실제 물감이 결합된 〈무제〉 시리즈, 캔버스에서 화포의 실 가닥을 빼어 놓은 〈무제 7565〉 등이 있었다. 이러한 경향은 1975년 파리비엔날레의

이강소, 〈무제76123〉
천・세리그라프・물감 50×65.1cm, 1976

이강소, 〈무제 7565〉
마포, 72.3×61cm, 1975

닭을 이용한 작품 〈무제-75031〉과 같은 맥락으로, 어떤 설정된 상황 하에서 일어날 수 있는 행위와 결과를 보여주는 방식이다. 이는 1978년 〈무제(수탉 이벤트)〉로도 나타난다. 비디오 밖의 관객을 향해 만든 물감을 칠하는 비디오 작품 〈Painting 78-1~6〉 역시 '본다'는 문제를 가상과 현실의 안과 밖을 인식하고 연결해 보는 시도라 할 수 있다. 두 개의 차원, 즉 영상의 안과 밖 또는 관람자와 작가의 위치를 생각하게 하는 이 작품은 1970년대 초 이강소의 사진, 판화, 회화 작품과도 일맥상통한다. 1975년 〈무제 7565〉는 화면을 그림이나 하나의 이미지로 보았을 때, 화면에서 나온 한 가닥의 실은 화면에서 탈출한 실재하는 물질로 나타난다. 이 둘을 병치함으로써 두 개의 차원을 경험하도록 한 듯하다.

　　김영진(b.1946)은 몸과 삶과 죽음, 존재에 대한 주제를 다룬 작품을 제작하였다. 1974년 대구현대미술제 포스터에는 그의 지문 작업이 실려 있고, 앙데팡당 전에서 링거와 링거에서 흘러나온 피, 흙을 함께 설치한 작업(1974)도 있었다. 〈Re-Create 4〉(1975)는 죽은 고양이의 목을 매달고 그 아래 저울을 달았다. 같은 시리즈의 다른 작품에서는 고양이와 더불어 목을 매다는 줄에 거울을 설치하여 관객이 얼굴을 비쳐보게 하는 작업도 있었다. 그의

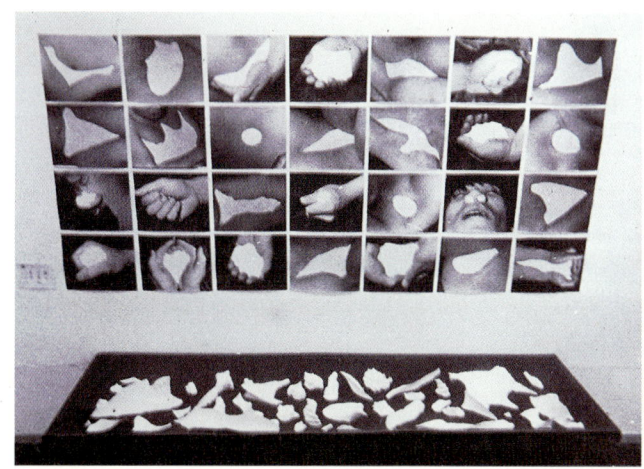

김영진, 〈무제〉
석고·사진, 1979

김영진, 〈Re-create 4〉
죽은 고양이·저울, 1975(2004년 재현)

삶과 죽음, 존재에 관한 주제는 비디오와 다른 매체에서도 지속적으로 나타난다. 1978년 비디오 작품에서 자신의 신체를 유리판에 대고 판과 접촉한 신체 부분을 그리면서 알 수 없는 형태로 남겨진 인체의 모습을 보여주었다. 그리고 이 작품은 1978년과 1979년에 콧구멍 등 신체의 공간이나, 팔이나 손 등 신체 부분을 움직여 만들어지는 공간에 석고를 부어 형태를 떠서 신체 형상을 남기는 오브제 작품을 제작하였다. 또한 석고로 뜨는 과정을 찍은 사진을 함께 전시하였다.

최병소(b.1943)는 1970년대 초반에는 '장場'이라는 주제로 장소를 구획 짓는 작업과 사진과 텍스트로 구성된 개념적인 작업을 보여주었다. 1975년에서 1976년경부터는 그의 신문지 작업이 등장했다. 대구현대미술제에서는 신문지 작업이 변주 되어 평면 외에 행위를 기록한 비디오 작업으로도 발표되었다. 최병소는 1978년 비디오 작품에서 종이를 칠했다가 지우고 종이가 너덜너덜해져서 사라지는 모습을 보여준다. 비디오 작품을 위한 행위에서 그의 신문지 작업의 배경을 관찰할 수 있다. 그는 1980년 한 기사에서 신문지 작업에서 신문지에 무심히 긋는 행위를 무의식적인 상태로 다가가려 했으나 이것은 의식적일 수밖에 없음을 깨달았다고 한다. 그러나 그는 이를 거부하지 않고 긋는다는 행위를 '의식과

최병소, 〈무제〉
사진·타이프라이터, 30×70cm, 1975

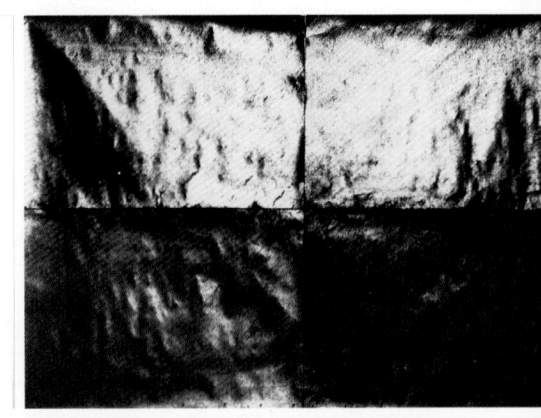

최병소, 〈무제〉
종이·연필, 55×79cm, 1979

이현재, 〈무제〉
짚·재, 제2회 《대구현대미술제》, 1975

무의식의 변증법적인 몸부림'으로 보았다.[81] 그의 신문지 작업은 단순히 그려진 결과로서의 의미보다도 행위와 과정에서 중요한 동기를 찾을 수 있다.

이현재(b.1947)는 설치작업과 행위 그리고 이를 기록한 필름, 비디오, 사진 매체를 사용한 작품을 발표했다. 1974년 얼음이 녹는 과정을 보여준 작업과 1975년 짚단과 짚단을 태운 설치작업이 있었고, 1976년에는 야외 이벤트 작업 〈이벤트 197602〉를 수행했다. 그의 작업은 앤트로피의 법칙처럼 물질의 상태가 변화 후에 다시 환원될 수 없는 물질의 모습을 보여준다. 그의 1978년 비디오 작품에서는 병과 컵의 콜라가 붓기를 반복하다가 흘리거나 쏟아져 결국 없어져 버리게 된다. 또 다른 필름작업(1980)에서는 물이 담긴 컵을 해변에 놓아두고 파도에 쓰러져 해변의 물과 섞여 버리는 과정을 보여주기도 하였다.

3) 근원을 지향하는 예술

지금까지 살펴본 작가들의 작품과 표현을 통해 우리는 그들이 진정 추구하려 한 가치에 대해 생각해 보고자 한다. 작가들이 보여주는 작품은 만들고 표현한다기보다는 어떤 깨달음의 순간을 경험하도록 한다. 그것은 인위적이기 보다는 자연에 가깝고, 물질보다는 비물질성을, 영원의 시간성보다는 순간이나 소멸을 나타낸다. 그들이 만약 그러한 깨달음이나 지각을 의도했다면 그러한 배경은 작가 개개인을 통해서도 단서들이 나올 것이다. 그것은

---

81 최병소, 「사물의 근본에의 끈기 있는 접근」, 『공간』, 1980.7, 75~76쪽.

또한 작품을 대하는 작가적 태도 또는 작품에 대한 배경을 설명하기도 했을 것이다.

대구현대미술제의 야외 행위예술에서도 시간성을 나타내는 작업들이 많이 나타나고, 그 행위들이 의도하는 유사한 개념을 발견할 수 있다. 이에 앞서 대구현대미술제의 주도 작가들보다는 조금 윗 세대이지만, 전위적인 활동으로 대구 작가들의 전범典範이 되고 영향을 주었던 김구림의 면면을 살펴볼 필요가 있다. 비물질과 부재로서 증명되는 존재의 모습과 그것을 드러내는 것이 당대 그가 추구한 예술이라는 점에서, 김구림의 작품은 1970년대를 통틀어 시사하는 바가 크다. 앞서도 이야기한 자연과 시간, 비물질 등에 관한 관심과 이러한 행위와 유사한 양상은 1970년 김구림이 〈현상에서 흔적으로〉에서 수행한 개념적 배경과도 맥락이 닿아있다. 그의 작품은 얼음 덩이 위에 트레이싱 지를 올려 얼음이 녹게 둔 것과 서울 뚝섬 근처 한강 둑의 잔디를 불로 태우는 행위로 이루어져 있다. 작가는 시간과 어떤 의도를 가지고 대상의 변화를 시도하고, 이를 통해 새로운 존재의 모습을 드러내고자 했다.[82] 그는 「무명구조로서의 예술」이라는 글에서 다음과 같은 이야기를 하였

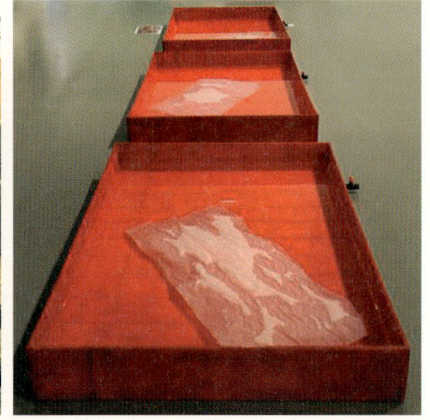

김구림, 〈현상에서 흔적으로〉 들판·불, 한강변 살곶이 다리둑, 1970 / 물·트레싱지

---

[82] 김구림은 '작가는 일상적 현실과 작가의 의도에 의한 현실의 중간에서 새로운 존재를 가능케 하는 것이다.' 라고 말한다. 「무명구조로서의 예술」, 『공간』, 1980.6, 29쪽.

김구림, 〈걸레 · 빗자루〉
개인전, 1973

다. "오늘의 예술은 그 자체의 존재가치에 의한 것이 아니라 필연적인 관계에서 생겨난 것이다. 그것은 물체도 아니고 관념도 아닌, 있는 그대로의 세계를 중성화함으로써 본다는 의미를 넘어서 무명성으로 돌아가며 우리 인간은 거기에 참가하고 있는 것이다. 작가는 만드는 사람으로서가 아닌 세계의 한 일부로서 자신을 발견하게 되는 것이다."[83] 발견하는 과정으로서 예술의 모습은 대구현대미술제의 작가들의 활동과도 일맥상통하는 면이 있다. 특히 자연을 배경으로 할 때, 자연의 속성을 보여줄 때 더욱 그러하다. 또한 위와 같은 대지예술 형태 외에도 오브제, 비디오, 영화 등 다양한 매체를 다루었던 김구림의 작품 가운데는 시간성을 다룬 작품이 다른 매체로도 나타난다. 닳은 빗자루 끝에서 떨어진 조각들과 빗자루가 함께 설치된 작업인 1973년 그의 걸레와 빗자루 작품은 시간성을 오브제로 나타낸 작업이었다. 걸레 작업은 전시장에 설치되었을 때 전시작품인지도 모를 정도였다고 한다. 하지만 그 걸레의 닮음과 시간은 울림과 충격을 주었다. 역시 언젠가 닦고 닦다가 결국 닳아 없어져 버리는 걸레의 모습은 1974년 비디오 작업으로도 나왔다. 시간성의 등장은 서구의 근대적 세계관과 구분되는 요소이고, 동양의 사고 체계에서 풀어본 시도라 할 수 있다.

한편 대구현대미술제의 작가들 가운데 다수는 우리의 근원적인 사상이나 정체성에 관한 관심을 보였다. 이건용은 자신의 작품 배경으로 노장사상이나 동양적인 사고를 언급하기도 하고, 박현기는 미군정 체제 아래 서구화된 교육에 대한 비판적 견해를 보이기도 했다.

---

83 위의 글, 29쪽.

이강소는 당시의 정체성에 대한 관심을 우리 고유의 풍류에 기원하는 것으로 말하기도 한다. 옛 선인들이 자연을 벗 삼아 노래하고 즐기는 멋은 오늘날의 예술행위와도 같은 것이라 볼 수 있다는 것이다. 그들이 보여준 행위예술의 모습은 서구의 개념미술, 오브제, 행위 등 새로운 미술의 언어와 형식을 우리의 정체성으로 녹여낸 한 방식이라고 볼 수 있다.

이강소, 〈무제 1975-31〉
닭·나무·자리·횟가루·쇠·분필,
파리 비엔날레, 1975

이강소는 한 작가노트에서 옛 성인의 말씀을 인용하였다. "이건 얼마나 경이롭고, 얼마나 신비스러운 일인가! 나는 장작을 져 나르고, 물을 긷는다."[84] 그의 파리비엔날레의 닭 퍼포먼스나 비디오 작품 등에서 종종 언급되는 '구조한다'는 것은 어떤 작위적인 행위가 아니라 자연에 기대 무위無爲 가운데 깨달음을 들추어내기 위한 장치를 만들어내는 일과 같은 모습이다. 1975년 파리비엔날레에서 이루어진 작업에서 그는 "내가 한 일은 이러한 설정을 구조해 낸 것뿐이다. 물론 내가 설정을 구조해낸다는 것은 어떤 특별한 방법론도 아니고, 또 어떤 이미지나 어떤 개념을 조작하고자 하는 것도 아니다. 그것은 열려져 있는 구조, 즉 보통 잘 보이지 않는 질서 혹은 관계 등의 상태를 자연스럽게 느끼거나 보이도록 들쳐내는데 불과하다. …(중략)… 가시적으로 움직이는 매체인 닭의 제거 등은 내 작업이 정지해 있는 대상으로서가 아니라 역으로 가변적인 구조로 되어 있는 것은 사실일 것이다. 왜냐하면 자연스러운 움직임을 중단 (혹은 변화)시킴으로써 그 움직임(시공간 등)이 드러나게 되는 것이기 때문이다. 이 가변적인 상관관계는 역시 내 작업의 설정의 요소가 된다."고 말하였다.[85]

미디어를 비과학적 인식의 도구로 삼는 박현기의 경우, 그의 작업노트에서 서구와 다른 우리의 사고에 대한 생각을 볼 수 있다. 그는 과학적 합리적 태도를 강요하는 문화와 이렇게 우리의 의식구조를 변경하게 만든 서구식 교육방식에 비판적인 태도를 보여 왔다. 해방 이후 미군정에 의해 행해진 서구의 교육방식을 비판하고, 과학적 사고에 대한 문제를 지적하였다. "과학이란 물질적이고 분석적인 지배를 초래했고, 과학은 또 정신적인 물物, 그 자체에 지배되고 있는 그러한 결과를 자초한 것이다. 특히 지금과 같은 공간이나 시간의 개념이 과학이란 정보매체를 통하여 동시에 교감하고 있다는 점을 상기하지 않을 수 없게 되었다는 것이다."[86] 그는 비디오를 접했던 초기부터 비디오를 표현수단으로 삼으면서도

---
84 이강소, 「아티스트 노트」, 『이강소』, 2016, 412쪽.
85 이강소, 「일상적 존재의 인식론적 출현」, 『공간』, 1980.6.
86 박현기 작가 노트, 1981.7.13.

'탈테크놀로지'적인 태도를 보여 왔다. 이중적으로 보이는 미디어에 대한 태도는 그의 작품 토대를 이룬 동아시아 문화권의 전통적 사고, 즉 대상에 대한 비분석적, 비과학적인 통합적인 사고를 바탕으로 하고 있다.[87] 그는 언제인지 확인되지 않는 작가노트에서 "나 타남은 보여짐을 일컫는 체계일 뿐이다."라는 말을 하였다. 그의 비디오 작품에서 대상들은 서로 눈을 마주치지 못하고 엇갈리고

박현기, 〈무제(돌탑 비디오)〉 돌·비디오모니터, 1979

있다. 세상이 쏟아내는 온갖 이미지와 언어는 대상을 비켜가고 있으며, 서로 다른 것에 속한다고 믿었던 이미지들은 어딘가에 안착하지 못하고 쉴 새 없이 교차하고 있다. 우리의 오감에 걸리는 모든 것은 실체라 말할 수 것들인가? 그가 작품으로 노출시킨 이 모든 엇갈림은 오로지 변화의 진실, 실체란 결코 잡히지 않음을 현현하게 드러내고 있는 것이 아닐까 싶다. 박현기는 미디어를 동아시아적 관점으로 해석한 독자성과 더불어 한국 미디어 아트의 개척자로서 자리매김하고 있다.

4. 대구현대미술제 이후

지금까지 대구현대미술제의 배경과 전개 과정, 그리고 그 의의를 살펴보았다. 대구현대미술제는 국제적인 미술의 흐름을 연구하는 한편, 우리의 관점에서 해석하고 접목한 다양한 시도를 보여주었다. 형식적으로 시대적 흐름을 따라간 측면도 있었지만, 그 가운데

---

[87] 박민영, 「박현기 유작전 - 현현을 열며」, ≪박현기 유작전 - 현현(顯現)≫, 2008, 17쪽.

서는 새로운 형식을 어떻게 적용할 것인가에 대한 작가들의 개별적인 고민과 모색도 있었다. 이 장에서는 그러한 작가들의 집단 가운데 개별적인 모색을 살펴보고, 미술제가 끝난 후 1980년대 이후 이어진 활동들에 대해 이야기해 보고자 한다.

1) 집단적 활동과 개별적 모색

대구현대미술제가 처음 개최될 때에는 정점식이 계명대학교 미술관을 제공하는 데 도움을 주는 등 지역 화단의 협조가 있었다. 하지만 대구의 주류 화단과 대구현대미술제를 주도한 작가들 사이에는 세대, 문화적인 간극이 있었고, 갈등을 노출하기도 했다. 왜냐하면 기존 화단의 입장에서는 이들의 모습이 국제적인 미술 형식의 외형적 모방으로 비쳤기 때문이다. 물론 기존 화단 내에서도 미술제에 적극 참여하는 작가들이 일부 있었지만, 대구현대미술제의 작가들에게는 그러한 모방에 대한 비판에 대처할 수 있는 작가들 스스로의 논리가 필요했다. 그들에게 개념미술, 오브제, 행위, 비디오 등의 형식은 새로운 도구이기도 했지만, 이를 사용하는 작가들에게는 스스로의 내부적 필연성이 요청되었다. 국제적인 예술 흐름을 받아들이는 가운데 작가의 주체적인 의식과 지역과 풍토적 정체성을 녹여내는 문제는 근본적으로 작가들에게 남아 있었다.

1970년대를 전후해 십수년 사이에 급변했던 현대미술에 대한 수용은 국내 화단 전체가 비슷한 양상이었다. 한국 현대미술의 변화과정을 정리한 1978년 ≪한국현대미술 20년의 동향전≫(국립현대미술관)에서는 시기적 구분을 '뜨거운 추상운동의 태동과 전개'(1957~1965), '차가운 추상의 대두와 회화 이후의 실험'(1966~1970), '개념예술의 태동과 예술 개념의 정립'(1969~1975), '탈이미지와 평면의 회화화'(1970~1977)로 정리하였다. 이렇게 한국의 미술계가 빠르게 변화하는 가운데 현대미술제는 당대 신진작가들의 신선한 발표의 장이면서도 어떤 힘의 구심점이 되기도 했다. 대구보다 한해 늦게 출발한 서울현대미술제는 당대 전위미술을 주도했던 AG가 막을 내리고 부상했다. 대구현대미술제의 주요 작가들이 소위 화단의 주류를 이루는 서울 소재의 대학 출신이며, 이들이 가진 서울 기반의 네트워크가 이들이 전국적 네트워크 등을 활용해 주류로 역할 하는 데 바탕이 되었다는 점은 부인할 수 없다. 미술제의 중심 인물들은 당대 화단의 주도적인 세력이었고, 미술제의 주요 작가들은 대구, 서울, 그외 전국 각 지방 미술제에서도 중요한 위치를 점하고 있었다. 그럼으로써 지역 예술의 자생적인 활성화도 있었지만, 그것은 몇몇 주요 구심 세력들이 확장하는 결과가 되기도 했다. 그러한 확산 가운데 단색화 등 시기별 유행화풍이 보이기도 했고, 그것이 곧 지역의 작가들에게도 영향을 미쳤다.

예를 들어 유병수가 걸어온 화력을 보면 시기별로 뚜렷한 양식 변화가 있었음을 볼 수 있다. 이러한 양식 변화를 통해 그가 이론적으로나 실천적인 면에서 누구보다 새로운 미술과 미학을 공부하였고,[88] 그러한 경향에 대한 탐구와 수용, 실천이 이어졌음을 알 수 있다. 그의 1960년대 '태, 소리, 작품' 등의 시리즈들은 1960년 벽전 이후 유행한 앵포르멜 형식을 보여주었고, 1970년대 초반 작품에서는 기하학적이고 구축적인 형태, 칸딘스키류의 추상 형식이 보인다. 1976년과 1977년은 유병수의 작품이 새로운 형식적 고비를 넘는 시기이다. 유병수의 1970년대 후반의 작품은 당대 미술계 논의의 중심에 있던 환원주의적 단색화의 유행과 유사한 형식을 보인다. 1976년부터 1979년 사이에는 〈점〉, 〈자국〉, 〈선〉 시리즈를 선보이기도 했다. 그의 점과 선 시리즈의 형식적인 특징은 주로 칠해진 색을 긁거나, 기름 등으로 다시 칠해 색채를 비우는 방식으로 이미 칠한 색을 소거해 나간다는 것이다. 따라서 밑색이나 흰 캔버스 화면을 그대로 드러내기도 한다. 당시 그는 최소한의 조건인 점과 선으로 소급된 환원주의적 시각으로, 회화가 발생하는 최초의 지점으로 작업을 되돌려 놓음으로써 처음부터 다시 시작하고 싶었다고 했다.[89]

한편 이러한 형식적 유행의 영향은 1970년대 중반 대학을 졸업한 작가들에게도 볼

---

[88] 「Art Since 1945」『영남대학학보』, 1970.6.27; 「예술형성의 성층구조와 미학의 입장」,『계대학보』, 1973.10.15.
[89] 고충환, 「회화적 본능으로서의 자연, 자연성의 표출」,『유병수의 회화』, 1999, 4쪽.

수 있다. 계명대를 졸업한 권정호는 대구화단에서 배출된 대표적인 신진 작가들 가운데 하나였다. 그런 그에게서도 1970년대 작업들 중에는 점으로 대변되는 환원주의적 추상화가 나타난다. 평론가 고충환은 그의 1970년대 경향을 다음과 같이 설명하였다. "작가 개인적으로는 모색기에 해당하는 1970년대 그의 회화 경향은 당시 국내 화단 중 특히 대구 화단의 경향과 직간접으로 연루돼 있다. …(중략)… 작가의 인격적 현실이나 개성을 표출시키기보다는 회화와 화면 자체의 자족적이고 내재적인 논리를 중시하는 이러한 경향은 특히 점, 시리즈에서 강조된다. '점' 시리즈는 이후 '선으로부터' 시리즈와 함께 그의 작업이 일정 정도 모더니티의 실현에 접맥돼 있음을 말해준다."[90] 그러나 권정호는 1980년대 초 미국으로 유학을 떠났고, 거기에서 자신의 초기 화풍이 자발적인 목적에서 나온 것이 아님을 깨닫고, 처음부터 새로운 자신의 세계를 구축해야 했다고 말했다. 초기의 모색기에는 한정된 한국 화단의 주류적 흐름이 그에게 영향을 주었다면 유학기에는 더 넓은 세계 속에서 자신의 비전을 고민하였을 것이다.

1970년대는 모든 것이 가능하면서도 가능성에 대한 자기 논리를 완성할 수 있어야 했다. 때문에 형식적인 문제가 아니라 스스로 문제를 제기하고 어떠한 논리를 구축하였는가가 당시의 작품을 판단하는 데 더 유효할 것이다. 따라서 1970년대의 경향을 전체적으로 분류하기보다는 작가 각자의 지향점과 모색의 과정을 면밀히 살펴볼 필요가 있다. 정점식은 1978년 유병수 전시의 서문에서 박서보, 이우환 등 기존 화단의 단색화 유행과는 다른 유병수의 작품에서 다른 동기와 의미를 보았다. 그는 유병수의 작품이 원초적 행위를 통해 회화를 구체화하는 것이라고 주장하였다. 작품에서 보이는 패턴의 질서가 행위의 본능에서 출발하여 보편성에로 귀착된다고 해석하였다. 박서보, 이우환과는 행위적인 예술에서 유사성을 보이지만, 유병수의 경우 그 의도가 회화 발생의 원초성에서 출발하였다고

---

[90] 고충환, 「1970's Point점에서, 권정호의 회화모더니즘, 신형상 미술 그리고 해체주의」, ≪권정호의 모더니즘적 환원주의≫전 팸플릿에서 재인용, 25쪽.

말했다.[91] 유병수는 원초적인 예술 행위, 즉 '동굴인이 생물학적인 본능적 충동에서 긁은 자신의 손자국의 선에서 우연히 발견한 자연의 형상'으로 돌아간 회화 세계를 보여주고자 했다는 것이다.

한편 신문지 작업을 통해 단색화 경향으로 분류되기도 하는 최병소의 작업에도 우연한 행위 가운데서 발견한 자발적인 요청이 있었다. 그의 신문지 작업이 탄생하게 된 계기는 앞서도 말했듯이 볼펜을 무심히 그어가다가 발견한 의식성과 무의식성 사이의 행위였다. 최근 어느 글에서도 그는 작품에서 몸의 행위가 가진 의미를 환기시킨다. 그는 신문지를 '모더니즘의 절대적 순수주의 강령에 물들지 않고, 삶과 예술을 연결해 주는' 매체로 생각하였다고 한다. 또한 칠하고 부딪히는 과정이 '몸의 살아있음'으로 이분화 된 세계의 결합, 즉 '열려진 생성'으로 나아가는 것이라 말하였다.[92]

이처럼 두 작가의 예에서 그들이 예술 본연의 모습을 고민하고, 스스로를 들여다보면서 자신의 예술적 지향점을 작품의 형식과 일치시키려 했다는 것을 알 수 있다. 이처럼 집단운동 가운데서도 작가 개개인의 모색과정이 있었다는 것을 통해 우리는 전형화 된 양식 구분으로 그들을 판단하기 보다는 작가 자신에게 당대에 필요한 양식적 요청이 있었다는 것을 간과하지 말아야 한다. 작가 개인에게는 형식의 수용이든 비판적 거부든 본인이 지향하는 바가 형식과 필연적인 관계를 형성한 지점이 있었다는 사실을 잊지 말아야 할 것이다. 1970년대 급격히 유입된 새로운 미술이 작가에 따라서는 필연적인 요청과 형식의

---

[91] "유병수는 자신의 붓 자국에서 받은 충동으로서 화면이 구축되어 간다. 이 되풀이되는 붓 자국의 흔적들은 환희와 실의로 고체되는 파토스의 세계라고도 말 할 수가 있는 것이다. 또한 그것들은 이 시대의 특성인 동률적인 패턴의 질서를 유지해 가면서 보편성에로 귀착되는 것이다. 나이프로 긁은 선에서 또는 브러시 워크의 터치나 타시즘의 얼룩과 같은 회화 형식을 구체화 하려는 행위 속에는 의미나 이념을 잃은 오늘날에 있어서 한 가닥 남아있는 이 행위일 것이다. 따라서 이 움직임이 작업에서 삶의 의지를 이어가고 자신을 해방하는 길 밖에 없을 것이다. 또한 그것들은 그가 뜻하지 않는 인류역사의 선상에 있어서 인간의식의 확장과 변화에 이바지하게 되는 것이다. 우리나라에 있어서의 이런 〈행위로서의 예술〉에 집착하고 있는 화가는 박서보나 이우환 같은 선험작가가 있다. 이 두 사람의 지적인 조화의 예술에 대해서 유병수의 조형은 허술하고 무던하게 보이는 아르키즘이다." 정점식, 「유병수의 패턴과 이미지」, 《유병수 개인전》, 1978, 미술회관, 서울.

[92] 작가노트, 《최병소전》, 우손갤러리, 2015.

수용 사이에서 선후가 바뀌거나 오랜 시간이 걸릴 수도 있었겠지만, 그것은 한편으로 새로운 도전과 탐구의 기회를 주었고, 몇몇 작가에게는 강력한 도구가 되기도 했다.

한편, 대구현대미술제는 미술제를 통해 나타난 작가들의 경향과 작품 내용에서도 의미를 찾을 수 있지만, 미술제의 체계와 기획에 있어서도 특별한 의의를 발견할 수 있다. 미술제는 1970년대 초 활발히 논의된 확장된 미술의 영역을 지방의 작가들이 논하고 실천하는 장을 마련하였고, 지방에서의 현대미술 확산을 가져왔다. 미술제를 전후하여 대구의 작가들은 연구하는 모임을 자주 가졌고, 강연과 자료 소개, 세미나 등을 가지면서 동시대 미술의 모습을 배우고 자신의 작업으로 탐색해 나갔다. 또한 첫 회에는 S.T와 신체제 그룹이, 이후에는 작가의 개별적인 참여가 이루어졌고, 3회에는 전국 각 지역에서 참가한 작가들의 수평적인 참여와 교류가 활발해졌다. 그러나 대구현대미술제의 모든 작가들을 하나의 색깔로 묶기에는 무리가 있다. 앞서 언급했듯이 이 시기 다양한 양식을 받아들이고 취합하면서 일부 작가들은 이때의 실험적 시도가 이후 작품에 연결되지 않고 전혀 다른 회화로 복귀한다든지, 다른 형식과 내용으로 바뀌면서 한때의 유행처럼 휩쓸린 모습을 보여주기도 한다. 그러나 다른 일부는 1970년대의 국제적인 흐름을 토대로 자신의 예술적 탐구를 성공적으로 수행하여 개성적인 작가 세계를 구축하였고, 그러한 개개인의 특징이 모여 미술제 이후의 대구화단의 모습이 만들어 졌다. 하지만 제전이라는 말처럼 당대 화단에 활력과 현대미술을 대중적으로 전달하는 계기가 되었던 점은 분명해 보인다. 타 지역의 미술제로 지역적 확산이 이루어졌으며, 이들의 작업에 대한 언론의 관심과 대중의 반응은 현대미술의 대중화와 이해도를 높였다고 할 수 있다.

또한 미술제는 작가들의 자발적인 참여와 협력, 그리고 자발적인 해체로까지 이어졌다. 작가들은 새로운 미술을 공부하고 확산한다는 목적에 공감하여 자발적으로 모였고, 조직을 만들어 함께 어울렸다. 작가들의 자율적이고 수평적인 모임이었기에 전국의 수많은 작가들도 함께 동조하였을 것이다. 하지만 수평적인 관계인만큼 작가들 내의 갈등도 표출되었다. 작가들이 십시일반 모아야 했던 행사 예산에 대한 부담,[93] 중앙의 미술계에서 힘을 가진 서울 작가들과의 관계, 몇몇 작가가 주도했던 작가 선정 등의 문제가 있었다. 또한 이강소는 작가들 사이에서 미술제의 당초 목적과 지속해야 할 필요성에 대한 문제가 제기되었다고 했다.[94] 황현욱 역시 1970년대 말 미술운동이 끝이 날 때쯤 집단적인 미술전이 형식화 되면서 권위주의적인 모습을 띠었고, 집단 속의 개인의 모습을 회의하기 시작했다고 말했다.[95] 원래의 목적이 달성된 후 반복적인 모임은 형식적이고 의미 없는 것이라는 공감 아래 미술제는 해체되었다. 1980년대 후반까지 지속한 서울현대미술제와 달리 대구미술제가 5회로 끝을 맺게 된 데는 그들이 집단 가운데 개인의 목소리, 자율성을 존중하면서 결집되었기 때문일 것이다. 권위나 형식에 매몰되지 않으려는 반성이 있었기에 집단운동은 해체에 이르게 되었다.

2) 1980년대 이후 자연과 예술

대구현대미술제는 끝이 났지만, 1980년대 이후에도 자연은 여전히 작가들에게 영감을 주는 장소였다. 전시장이 아닌 바깥으로 향한 시도는 박현기와 같은 개별 작가는 물론 미술제 후반에 함께했던 젊은 작가들에 의해 이어지고 있었다. 박현기는 1979년에 개인

---

[93] 4회 출품요강에서는 다른 지역의 작가를 제외하고 대구, 경북의 작가들에게 25,000원의 회비를 내도록 하였다.
[94] "평상시에 확장이다 새로운 작업을 뭐, 전시하고 또 작가가 불어나니깐 새로운 작가들이 선을 보이고 매년동안 ……. 이게 작가 수도 늘고 이때는 인제 볼 수도 있고 갈 곳도 있고 했지만 이제 비슷한 작업만 나올 때는 별로 의미가 없잖아요. 그니깐 이제 너무 오랫동안 미술 운동이라던지 필요가 없는 거에요. 운동은 몇년 동안에 각성하고 제안하고 이래서 불을 피우고 확산이 됐으면 그걸로 끝나는 거지 그걸 지속적으로 한다는 것은 거기는 뭔가 또 다른 의도가 있는 거에요. 그걸 많은 작가들이 반대를 한 거에요. 해서 뭐하나?" 이강소의 인터뷰, 2004.7.28.
[95] "해를 거듭해 전국각지에서 대규모 집단 미술전이 개최되는 가운데 70년대 신사조 미술운동은 그 의미를 차츰 잃어갔다. 집단 미술전은 모든 전람회가 미술활동의 수단에 불과하듯이 미술운동의 목적이 될 수는 없을 것이다. 애초의 집단 미술전은 자발적으로 이루어졌고 자유롭게 가담할 수 있었을 뿐 아니라 그 집단의 내적 분위기가 자유롭고 창조적이었다는 데 매력이 있었다. 그랬기 때문에 쉽게 집단화가 이루어졌으리라 생각한다. 그런데 아마 우리는 70년대 후반에 들어 대규모 집단 미술전은 전람회 그 자체가 목적이 되다시피 형식화한 것을 보았을 것이다. 또한 권위주의적 성격을 띤 전람회도 보았을 것이다. 이런 사실이 표면화될 쯤에 대구거주 작가들은 집단속의 개인의 모습을 회의하기 시작한 것으로 기억된다." 황현욱, 「오늘의 대구미술전을 기획하면서」, 《오늘의 대구미술전》 (1984.2.28~3.8, 수화랑).

박현기, 〈Pass through the city〉
트레일러, 대구도심, 1981

비디오 전시를 비롯해 상파울로 비엔날레에 참가하는 등 많은 비디오 설치 작품을 제작하고 발표하는 활동을 보여주었다. 그 이후에는 공간과 공간을 동시간으로 연결하거나 광활한 대지에서 벌어지는 대규모 프로젝트를 1981년과 1982년에 수행하기도 했다. 1981년 〈Pass through the city(도심지를 지나며)〉(1981.3.22.)에서 그는 대구 도심지에서 큰 트레일러 위에 거울을 단 바위를 싣고 대구의 중앙로 일대를 지나가는 퍼포먼스를 펼쳤다. 이 작품은 몇 개의 과정으로 구성되어 있었다. 먼저 거울을 부착시킨 대형 돌을 트레일러에 싣고, 대구 도심을 통과하면서 그것을 바라보는 시민들과 그 과정을 촬영한다. 그리고 하나의 대형 돌은 도심에 설치하여 그것을 낯설게 바라보는 행인의 모습을 촬영하고, 이것은 다시 폐쇄회로를 통해 화랑 안의 모니터에 나타나게 하였다. 그리고 바깥에서 화랑까지 시내 곳곳에 거울이 부착된 작은 돌들을 설치하고, 지나가는 행인들의 모습이 자신도 모르는 사이에 거울에 비치도록 하였다. 이 작품은 다른 공간을 이동하면서 동시적인 시간의 모습을 보고 자각하게 하였다.[96] 특히 이 전시는 대규모적인 물량을 통해 거침없는 스케일을 보여주었다. 작품에 쓰인 커다란 돌

---

[96] 박민영, 「박현기의 비디오 작품」, 영남대학교 미학미술사학과 대학원, 2007, 49쪽.

은 세검정에 있던 것으로 돌을 옮길 수 없어 그 모형을 떠서 제작하였고, 이 돌이 너무 큰 나머지 전시가 열린 맥향화랑의 문을 통과할 수 없어서 벽을 헐어 돌을 설치했다고 한다.

이어 1982년에 펼쳐진 두 번째 프로젝트는 강정의 낙동강을 배경으로 보여주었다. 낙동 강변에서 이틀 동안 진행된 이벤트 〈Media as a Translator(전달자로서의 미디어)〉(1982.6.26.~27)에도 역시 많은 장비와 인력이 동원되었다. 그 상황에 대해서는 장석원이 기고한 글을 통해 상세한 모습이 확인된다. 당시 동원된 장비 및 물품은 비디오 촬영기 1대, 수상기 3대, 조각기 1대, 바위 6개, 발전기 1대, 슬라이드 프로젝터, 젖빛 유리, 전지

박현기, 〈전달자로서의 미디어〉 강정 낙동강변, 1982

2장, 천막 100m, 담요 20장, 소주 100병, 음료수 3박스, 음식물(30명분 3끼 정도) 등이었다고 한다. 대구와 강정 강변 구간은 1톤 트럭 2대로 짐을 운반하고, 거기서 발동선으로 짐을 옮겨 실어 낙동강을 건넜다. 이후 현장까지는 차편이 연결되지 않는 관계로 소달구지로 두 번을 실어 날랐다 한다. 운반시간 2시간여, 그리고 현장에서 텐트를 치고 장비를 점검하느라 1시간 반 남짓의 시간이 필요하였다.[97] 박현기의 〈전달자로서의 미디어〉는 여섯 작품의 행위예술과 설치를 통해 자연의 변화와, 시간과 공간이 작품에 어떻게 결합되는가를 보여주었다. 여섯 작품의 모습을 간략하게 묘사하면 다음과 같다.[98]

---

97 장석원, 「비디오 인스탈레이션의 현장화」, 『공간』, 1982.8, 77~78쪽.
98 위의 글, 77~83쪽.

1. 오후 6시 무렵, 강변 모래 위에 자연스레 널린 돌을 쌓고, 그 위에 모니터를 설치하였다.
2. 오후 7시, 강변 포플러 숲 속에 어지러이 널린 도시민의 쓰레기 속에 모니터 두 개를 설치했다. 영상 속에는 쓰레기 주변의 모습이 담겨 있다.
3. 해가 넘어간 오후 8시, 풀밭에 세운 90×180cm의 젖빛 유리 스크린에 작가 자신의 나체 영상을 한 개의 프로젝트로 전방에서 투사시켜 앞뒤에서 봐도 똑같은 영상을 설정하였다.
4. 오후 8시 20분, 포플러 숲의 풀밭에 TV 모니터를 설치했다. 모니터 영상은 주변의 풀밭 모습이 담겼다. 모니터 전방에는 작가가 인위적으로 풀을 벤 흔적이 보인다.
5. 27일 0시, 박현기의 대지작업인 〈파이어 드로잉(Fire drawing)〉이 시작되었다. 원을 따라 휘발유를 부어놓은 후 작가 자신이 원 속에 들어가 불을 지르기 시작한다. 소요시간 10분. 불이 약해짐과 비례하여 작가 자신의 상像(나체)도 어둠에 잠겨 가려지는 모습을 비디오 작업으로 동시에 보여주었다.
6. 27일 오전 10시. 기성품인 판자를 풀밭에 세 개의 정방형 형태로 임의 설치해 놓고, 부분 부분 판자를 잘라내기 시작한다. 앞면의 정방형에는 근처 널려있는 휴지들을 모아 깎아놓았다.

첫 번째 작품은 박현기의 돌탑비디오 작품과 같은 모습이다. 또한 젖빛 유리 스크린 작업에 대해서 장석원은 '투명도'에의 접근을 해석의 실마리로 보았다. "박현기의 작업에서 키 포인트가 된다고 할 수 있는 투명도에의 접근은 관념과 사물, 실상과 허상, 오브제와 인간성의 접합점에서 벌어질 수 있는 감각의 현존 상태이다. 그 투명성은 현존의 무거운 짐을 거르고 가볍게, 그리고 신비하게 자연의 비밀을 여는 구실을 한다."고 해석하였다.[99]

---

[99] 장석원, 위의 글, 82쪽.

이 작업들의 장소에 놓인 모니터는 그 공간을 반영하지만, 그것은 한편 변화하는 장소의 상황에 따라 다르게 보이기도 한다. 그것은 해가 지는 시간에 진행된 자연과 문명의 대비적인 모습이기도 하다. 어둠이 깔리면서 어두워지는 공간과는 상대적으로 모니터의 화면은 밝게 빛나 보인다. 〈불 드로잉〉에서도 역시 불의 원형 안에 있는 작가의 모습象은 불이 잦아들면서 그 상이 보이지 않게 된다. 그러나 어둠에 가려진 모습은 없음을 뜻하지는 않는다. 단지 보이지 않을 뿐이다. 여기서 장소와 시간은 변화하는 것으로 작품과 관계한다. 자연의 순환적인 시간은 작품이 치워진 후에 그곳의 잘린 풀을 다시 자라게 해 원래의 상태로 돌아가게 할 것이다. 이와 같이 그는 자연을, 비디오로 본 다른 차원의 그것과 만나게 함으로써 시간과 공간의 의미를 자각하게 하였다.[100]

그가 이 작업을 다른 어느 곳도 아닌 자연 속에서 선보인 이유는 무엇일까? 그는 강정의 숲과 모래가 작업하는 장소로 친숙하다면서도 '강은 변화가 없는 것 같으면서도 환경에 많은 변화가 있어 작업에 더욱 어울리는 것 같다.'고 하였다.[101] 박현기의 비디오 작업과 행위 예술은 겉으로 보면 문명과 자연을 잇는 작업으로 보인다. 하지만, 그는 진정 자연의 시공간, 멈추지 않는 자연, 자연에 속한 모든 존재의 현존을 담아내고 싶었던 것이 아닐까 한다. 예를 들어 이 퍼포먼스 가운데 하나로 어두운 밤에 둥근 원을 그려 불을 피우고 나체의 작가가 그 가운데에 서있는 행위가 벌어졌다. 어둠 속에서 불은 밝게 타올랐다 곧 꺼지고, 그의 몸은 더 이상 보이지 않게 된다. 여기서 그는 보이는 것과 보이지 않는 것의 차이가 불완전한 우리의 지각과 인식의 차이일 뿐임을 확인해 준다. 마치 해골에 고인 썩은 물을 인지하지 못하고 맛있게 마신 원효의 깨달음처럼, 그에게 미디어의 허상은 인식의 허상, 진실에 미치지 못하는 감각의 한계를 알리는 깨달음의 도구였다.[102] 이 프로젝트에서 그가 미디어를 하나의 도구적 '전달자'로 내세운 것이 그 증거로 보인다.

---

100 박민영, 위의 글, 52쪽.
101 「18시간의 현대미술」, 『매일신문』, 1982.6.29
102 박민영, 「박현기 유작전 – 현현을 열며」, 위의 글, 17쪽.

이교준, 〈무제〉 나무틀·은색 파이프, 350×550cm, 1982　　　　백미혜, 〈땅따먹기〉 스프레이 400×400cm, 1982

　　1980년대 초에 자연에서 있었던 또 다른 활동은 미술제 말미에 들어온 이교준, 김정태, 백미혜, 이종윤 등 뒷세대 작가들의 그룹인 '전개'의 활동이다. 그들은 전시장에서의 전시뿐 아니라 낙동 강변에서 작품을 제작하거나 사진을 찍고, 함께 모여 이벤트를 펼치기도 했다. 또한 '전개'그룹의 작가들은 서울, 대전 등지에서 활동하던 '타라', '다무', '횡단' 그룹의 멤버들과 함께 어울려 교류전을 가지기도 했다. 관훈갤러리에서 가진 ≪의식의 정직성, 그 소리≫전을 비롯해 1982년 낙동 강변에서는 또 한 번 전국의 여러 작가들이 모여 행위예술을 펼쳤다. 1982년 ≪현장에서의 논리적 비전≫(1982.10.10~10.15)이 바로 그것이다. 여기에는 강용대, 강정헌, 권영식, 김관수, 김정식, 김정태, 김철겸, 노중기, 박건, 박종경, 백미혜, 서영준, 안승영, 안치인, 여상규, 유병호, 육근병, 이교준, 이두한, 이하우, 이현재, 이홍덕, 임충재, 장금자, 강선규, 장영자가 참가하였다.

　　작가들의 행위 내용 중 일부는 팸플릿에 기재되어 있기도 했다. 일부를 인용해 보면 다음과 같다. 강용대의 〈떠나가는 배〉는 준비된 검고 작은 관 앞에 향을 피우고 재배한다. (관 위에는 개념 미술, EVENT 등의 글이 종이에 적혀 붙어있다) 녹음기에서 울려 나오는 음악을 듣고는 관 속에 들어있는 작품 배를 꺼내서, 관 위에 붙어있던 명정을 배에 싣고 그 배를 강물에

강용대, 〈떠나가는 배〉 관·배·녹음기·종이·향, 1982

띄운다. 김철겸은 울리는 벨을 구덩이에 묻어 놓고 소리가 정지하면 이곳 저곳, 다른 곳에서 소리를 찾는다. 어떤 소리를 감지하고 땅을 파보면 또 하나의 울리는 벨이 나타난다. 박건의 〈행위〉에서 좌정한 후 천천히 아주 천천히 그 움직임이 보이지 않을 정도로 오른손을 들어 모래를 움켜 집었다가 원 상태로 돌아와 좌정한다. 안치인의 〈Event 82. 6+1〉은 모래를 물에, 물을 모래에 붓는 동작을 반복한다. 이두한의 〈모래·모래〉는 모래 더미에 굵은 로프를 묶은 후 점점 가느다란 로프를 연결시켜 나간다. 맨 마지막에 연결된 실에 작은 모래 한 알을 묶은 후 조심스레 모래더미 위에 올려놓는다. 이현재는 물속으로 걸어 들어가 완전히 잠겨 보이지 않는다. 수초 후 다시 제자리로 걸어 나온다. 장금자의 〈관계〉는 25×25cm 크기의 색지를 주변의 돌, 풀, 모래 등으로 눌러 늘어놓은 후 제자리로 돌아와

홍현표, 〈공간의 체험〉 광목, 1982

준비된 삽으로 묻어 버린다. 홍현표의 〈공간의 체험〉은 지면 위에 설치된 4개의 광목천 주위를 수바퀴 돌다가 점프하면서 광목천을 차례로 밟는데, 그중 한 개의 광목천 아래 구덩이에 빠진다. 죽음과 같은 무거운 주제부터 놀이와 같은 성격에 이르기까지 세대가 달라지면서 관점과 재료도 조금은 달라진 듯하지만, 이들은 또 다른 표현의 장을 광활한 자연에서 보여주었다.

주목할 것은 1980년대에는 다른 지역에서 야외 이벤트가 많이 나타났다는 것이다. 이러한 움직임에서는 자연에서 펼친 대구현대미술제의 집단적인 행위예술과도 비슷한 맥락을 발견할 수 있다. 혹여 직접적인 영향관계가 아니라 하더라도 대구현대미술제가 보여준 활동이 그들보다 앞서 바깥에서 펼친 자연과 예술의 좋은 예가 되었을 수도 있을 것이다. 우선 북한 강변의 가평 대성리에서는 1981년부터 바깥미술회의 '겨울 대성리'전이 열렸다. 1980년 대전에서는 신탄진강변에서의 이벤트, 1981년부터는 공주 금강 백사장에서 펼쳐진 야투野投의 '야외현장전' 등 여러 곳에서 야외 현장 작품 활동이 펼쳐졌다. 그들의 활동은 시간이 가면서 음악과 무용 등 다른 장르와 융합되는 등 내용과 형식에서 풍부함을 더해 나가기도 했다. 야투의 경우, 활동을 꾸준히 지속하였고, 그들이 주관하는 '금강자연미술비엔날레'는 자연과 호흡하는 바깥 예술의 대표적인 행사로 현재도 지속되고 있다.

6. 나오며

    지금까지 1970년대 한국, 특히 대구의 미술 현장과 대구현대미술제의 발생과 전개, 그 이후까지를 살펴보았다. 대구현대미술제는 평면에 머물지 않고, 확장된 예술의 장을 열었다. 새로운 매체를 등장시키고, 전시장이 아닌 바깥으로 나가 여러 시도를 하면서 풍부한 가능성을 보여주었다. 또한 우리의 풍토와 정신에 새로운 양식의 옷을 입힘으로써 단순히 양식만으로 비교하기 어려운 특별한 정신과 개념을 작품에 적용시켰다. 길지 않은 기간 동안 열정적으로 불태웠기에 그 의미와 반향이 세대가 바뀌어도 이어지고 있다는 생각이 든다. 그러나 이러한 큰 의미에도 불구하고, 한편으로는 아쉬움을 느낀다. 그러한 독특한 예술 활동이 지역 토양으로 넓고 깊게 뿌리 내리지 못하고, 몇몇 작가에게만 꽃을 피웠다는 것, 그리고 오랫동안 지속하지 못하였다는 것이 그러하다. 끝으로 이 글이 새로운 사실과 드러나지 않았던 작가들의 보석 같은 의미를 조금이라도 밝힘으로써, 한국의 실험적 예술이 좀 더 풍부하게 기록될 수 있기를 기대한다.

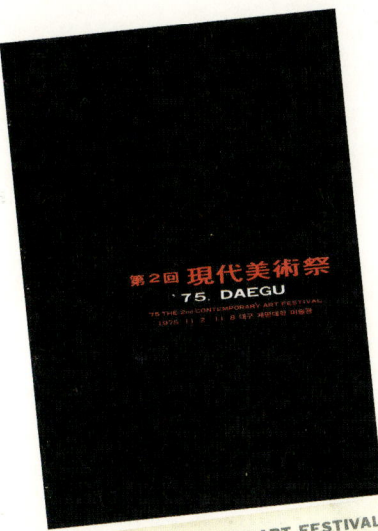

강정
대구현대미술제

강정, 과거의 미래
-강정 대구현대미술제를 중심으로-

강정, 과거의 미래
- 강정 대구현대미술제를 중심으로 -

1. 강정, 과거의 미래

1) 동기와 구성

2016년 5회까지 이루어진 강정 대구현대미술제는 1970년대 대구현대미술제와의 연결고리를 가지고 있다. 1970년대에 다섯 번의 대구현대미술제가 이루어지고 삼십년이 넘는 세월을 훌쩍 넘어 2012년 '강변 랩소디'로 재탄생했었다. 그리고 매년 강정 디아크The ARC 광장주변, 자연과 도시가 인접한 광장공원에서 다섯 번의 미술제가 진행되었다.

이 책은 달성문화재단에서 그간 진행되었던 전시를 정리하는 차원의 제안에서 이루어졌다. 그래서 강산이 세 번 변하고도 남을 시간의 공백을 뛰어넘어 재탄생된 강정 대구현대미술제는 매년 5회까지 진행되었고, 그 중 세 번의 전시를 기획하면서 수집한 자료들, 기획전시와 전시를 위한 인터뷰와 학술세미나를 포함한 내용을 담기로 했다.

강정이라는 특정한 장소가 가진 의미는 '과거의 미래'라는 시·공간적 연결고리 속에서 현재가 갖는 의미를 찾는 것이다. 현재는 과거와 미래를 연결하는 고리이자 그 둘을 품고

자라게 하는 가장 중요한 시간이기 때문이다. 그래서 현재의 시점에서 과거를 얘기할 수밖에 없고 또 미래 역시 현재를 딛고 나아가야하는 것이기에 이 책은 '과거의 미래'라는 아카이빙이라고 할 수 있을 것이다. 그렇기에 이 책의 구성은 생생한 경험이 담긴 자료를 중심으로 담아내는 것이다.

필자가 강정 대구현대미술제 전시감독을 한 것은 3회부터 5회까지였다. 감독선정이 되어 짧지 않은 시간을 자료 수집에 매달렸고, 최우선으로 시도한 것은 70년대 대구현대미술제를 이끌었던 작가를 만나서 당시의 분위기를 직접 채록하는 일이었다. 지금은 원로가 된 작가의 구술채록은 전시를 진행하기 위한 기본적인 자료로 삼았다. 그 밖에 70년대 대구현대미술제를 기록한 도서나 연구논문 그리고 관련된 전시와 평론도 찾아보았다. 그 과정에서 대구현대미술제를 다룬 학술연구나 평론은 미미한 수준이었다. 그나마 2004년에 문화예술회관 기획전시 도록 『대구미술 다시보기』[1]에서 당시의 자료를 한곳에 모아둬 참고할 수 있었다.

강정 대구현대미술제 3, 4, 5회의 전시를 진행하면서 가졌던 기본적인 틀은 네 가지였다. 첫째는 1970년대 미술가들이 가졌던 미적 태도와 예술실천이 이루어졌던 역사성이고, 둘째는 강정이라는 장소가 갖는 특정적 의미 그리고 세 번째는 갤러리나 미술관이 아닌, 도시를 벗어나 야외로 확장된 공간이자 공적 공간이 갖는 공공성의 의미이다. 마지막으로 앞의 세 가지가 어떻게 창작(발신인)과 감상(수신인) 간의 관계로 형성되어 대구현대미술의 의미를 '지금 현재'라는 입장에서 재구축해 가야하는지에 대한 의미를 정리해 보는 것이었다.

이러한 설정에서 우선적으로 해야 할 일은 당시 작가들이 왜 집단을 이루고 야외로 나가 이벤트를 벌이게 되었는가 하는 것을 직접 듣는 것이었다. 1970년대 대구현대미술제라는 전시축제와 '강정'이 갖는 연결고리가 갖는 궁금증도 한몫을 했지만, 현재의 상황에서 느끼지 못하는 시간여행이라는 매력은 당시의 작가들에 대한 인터뷰에 집착하게 했고, 집단

---

[1] 『대구미술 다시보기 - 대구현대미술제1974~79』, 대구문화예술회관 기획전시 도록, 2004.

미술운동의 주축이 되었던 작가의 인터뷰를 통해 과거의 미래가 현재를 통해 보다 명확해 질 수 있기 때문이었다. 이를 토대로 강정이라는 장소에서 전시를 진행하면서 참여 작가들과의 관계 역시 하나의 연결고리로 이어질 수 있는 것이다. 이처럼 강정, '과거의 미래'는 현재라는 시간 속에서 교차되는 것이다. 따라서 강정 대구현대미술제의 시점, 즉 현재라는 관점에서 입방체의 시·공간, 즉 제3의 시각에서 지금까지의 전시를 정리해 보고자 한다.

강정 대구현대미술제를 중심으로 이 책을 엮기 위해서는 먼저 2013년 ≪대구현대미술제 2013 : 1970년대, 그 기억의 재생과 해석≫이라는 전시를 언급하지 않을 수 없다. 이 전시는 70년대의 대구현대미술제를 이끌었던 작가의 작업실을 찾아 자료를 검토하고 또 인터뷰를 하면서 과거의 미의식과 태도를 이해하는데 중요한 초석이 되었으며, 선先연구와 전시기획의 경험이 있었기에 강정 대구현대미술제를 진행하면서도 과거와 현재라는 연결고리를 다만 장소가 아닌, 미의식과 태도가 갖는 의미를 통해 현재라는 시간 속에서 호흡할 수 있었기 때문이다. 따라서 이 책은 강정 대구현대미술제 전시감독을 하게 된 계기이기도 했고, 또 '왜 강정'이었는지에 대한 동기가 담겨있는 전시이기에 ≪대구현대미술제 2013 : 1970년대, 그 기억의 재생과 해석≫ 전[2]에서 언급했던 부분 중에서 강정 대구현대미술제와 연관된 내용을 먼저 언급하고자 한다.

하나의 장소에는 수많은 기억들이 깃들어 있다. 누구에게는 젊은 시절에 대한 그리움이 깃든 곳이기도 하고, 또 어떤 사람에게는 이별의 아픔이 스며있는 곳이기도 하다. 그리고 무명의 예술가에게는 껍질을 벗겨 새로운 삶에 눈뜨게 하는 의미 있는 곳이기도 할 것이다. 이처럼 하나의 장소에는 수많은 삶이 담겨 있고, 또 그만의 의미가 살아 숨 쉬는 곳이다. '강정, 과거의 미래'가 담긴 이 책의 구성은 하나의 도시에서 이루어진 과거의 미술을 발굴하고 또 그 역사와의 연결고리 속에서 미래의 미술로 나아 갈 수 있는 길을 열어 놓기 위한 것이다.

---

2   ≪대구현대미술제 2013 : 1970년대, 그 기억의 재생과 해석≫전은 2013년 대구문화재단이 기획하고 김옥렬 전시감독으로 대구예술발전소에서 전시되었다.

≪대구현대미술제 2013 : 1970년대, 그 기억의 재생과 해석≫전
대구예술발전소, 2013년

'강정, 과거의 미래'에 의미를 부여할 수 있는 것은 바로 '현재'라는 시간 속에서 살아가는 삶이 있기에 가능한 것이다. '현재'는 과거와 미래를 연결하는 시간이자 장소이다. 달리 표현하자면 '현재'는 곧 '과거와 미래'가 동시에 담겨있는 시간이자 장소일 것이다. 이 장소, 강정이 대구의 현대미술에서 어떤 의미를 내포하고 있는지에 대한 접근은 다양한 방식에서 연구가 필요하다. 이러한 연구는 대구 뿐 아니라, 한국의 현대미술이 외부의 영향에서 벗어나 내재된 의식 속에서 분출해 나오기 시작한 힘, 이를테면 자의식이 담긴 이 힘이 대구현대미술의 미의식 나아가 한국현대미술의 미의식을 특징짓는 것일 수 있기 때문이다.

 이 책의 주 내용은 필자가 전시감독을 맞아서 진행했던 강정 대구현대미술제를 중심으로 다루지만, 강정의 현재에 내재된 과거 혹은 미래를 위한 내용 역시 포함되어 있으리라는 믿음이 앞선다.

《대구현대미술제 2013 : 1970년대, 그 기억의 재생과 해석》전
대구예술발전소, 2013년

2) 왜 강정이었을까?

강정 대구현대미술제의 재탄생은 어떤 의미가 있는 것일까? 강정을 오고가며 가슴에 품고 작가를 만나는 동안 가졌던 질문이었다. 이 질문은 전시에 참여할 작가를 만나면 역으로 질문을 받는 입장에 서는 경우가 된다. 그래서 강정이라는 장소가 갖는 의미를 얘기하며 전시에 대한 방향을 설정하는 것은 당연한 일이 되었다. 그래서 이 책은 세 번의 전시를 진행하는 동안 가졌던 기획의 방향이 전시를 통해 드러나지 못했던 이야기를 정리하는 시간이기도 하다.

강정 대구현대미술제를 진행하면서 가장 염두에 두었던 것은 작품이 놓이는 장소가 미술품 전시를 위한 갤러리나 미술관도 아닌, 강한 바람과 햇살 그리고 인파 등 수많은 변수에 노출된 강변 공원이라는 점이다. 그래서 전시의 구성과 진행과정에서 필요한 섬세한 조율을 해 가면서도 전시 마지막까지 마음을 잡아 두고 긴장을 놓지 않았던 부분은 안전에 관한 것이었다. 이 전시는 매해 짧지 않은 준비 기간이 필요하고 또 대부분 신작을 기준으로 진행하는 전시이기에 참여 작가 선정에 따른 변수 역시 적지 않다.

강정에 전시하는 작품은 도시공원이나 건물과 함께 세우는 반영구적인 조형물이 아니다. 그렇지만 놓이는 장소의 크기와 자연적인 조건으로 인해 그에 준한 시각적 부피감과 견고함을 필요로 한다. 그리고 대부분 신작위주의 전시를 하게 된다. 짧지 않은 기간 전시하고 철거해야하는 여러 가지 어려움을 안고 매해 프로젝트를 하는 이유가 궁금한 것은 당연할 것이다. 필자 역시 이 부분에 대한 질문에 봉착 하면서 얻은 해답은 '시도하지 않는다면, 얻는 것도 없다'는 것이다. 혹자는 '얻는 것은 없겠지만, 잃을 것도 없지 않겠는가?' 하고 반문하고 싶을 것이다. 잃을 것이 두려워 시도하지 않는 것은 죽을 것이 두려워 살지 못하는 것이나 마찬가지가 아닌가, 오히려 더 다양한 시도를 해서 달성군과 대구시가 협력해서 국제적인 미술축제로 만들어 가야한다는 생각을 하게 되었다.

필자가 전시를 진행하면서 알게 된 것은 강정 대구현대미술제는 2011년 달성문화재단 출범 이후 문화 역사적 가치를 발굴하는 과정에서 이루어졌다는 것이다. 보다 구체적인 계기라고 할 수 있는 점은 1970년대 대구현대미술제를 취재했던 문화부 기자가 달성문화재단의 대표이사직을 맡으면서 역사적 의미를 부여하는 강정 대구현대미술제로 재탄생이 가능했다는 것이다. 이 출발의 배경에는 '역사가 살아 숨 쉬는 달성군의 토양 위에 문화의 텃밭을 일구고 씨앗을 뿌려 예술로 꽃피우는 달성'을 만들겠다는 의지에서 출발했다. 이러한 시도는 가치 있는 과거의 역사 속에서 미래를 열어갈 문화를 발굴하는 것이다. 이 프로젝트는 과거의 미래라는 비전, 현재의 삶과 지혜가 함축되어 있다.

부연하자면, 과거의 문화적 가치가 미래로 가기 위해서는 현재라는 시간 속에서 꾸준히 연결고리를 가지고 발굴, 연구, 실천해 가야할 필요가 있다. 이러한 실천이야말로 바쁘게 살아가는 도시인의 문화지대를 만들어 감성충전의 공간, 힘겨운 일상에서도 행복한 감성생태를 조성해 나갈 수 있기 때문이다. 흘러간 시간 속에 묻힌 소중한 가치를 발굴해서 현재의 가치를 만들어 가는 것은 곧 미래를 위한 실천이다.

우리의 삶은 근·현대사의 질곡 속에서 집안도 마을도 그리고 나라의 살림도 빠듯했기에 이것저것 살피고 돌보지 않고 앞만 보고 달려왔던 역사였다. 이제 잃어버린 시간 속에서 의미를 찾고 발굴하면서 현재의 가치를 만들어가기 위한 노력은 선택이 아닌 필수다. 깊게 뿌리내린 한그루의 나무가 혹독한 겨울을 견디고 풍성한 가을을 맞이하는 것처럼, 먹고 살기위해 달려온 시간 속에서 잃어버린 문화적 가치를 발굴하고 가꾸는 일은 '과거를 품고 미래를 낳는 것'이기 때문이다. 현재의 삶이 빛날 때, 그 빛은 미래도 밝게 한다.

(1) 70년대, 대구현대미술

늘 '현재', '지금 여기'라는 시간 속에서 과거의 자료(구술, 논문, 도록 등)는 전시를 위한 중요한 참고사항이긴 했지만, 과거와 현재라는 미의식의 연결고리를 찾는 것과 관점의 차이 속에서 새로운 비전을 담는 것에 대한 부담감이 적지 않았다. 그래서 세 번의 전시감독을 하면서 매번 필름을 되돌려 보듯 과거 70년대의 젊은 작가들이 가졌을 야외전시, 당시 청년정신이 펼쳐진 곳과 지금의 청년정신이 갖는 의미가 무엇인지 묻고 답하는 시간을 가지게 된다.

어느 시대나 불확정적인 미래 앞에서 특히, 꿈을 이루고자 하는 젊은 초상은 시대의 우울과 맞서 싸우며 방황하다가 불현듯 혼자가 아니라, 둘 혹은 셋의 의견이 모아지는 순간에 잠자던 '자의식'을 일으켜 세우게 된다. 아마도 70년대의 한국의 사회적 변화 속에서 일깨워진 청년들은 공감대가 형성되는 순간, 그 어떤 곳에서 자의식을 뿌려 보고 싶었을 것이다. 그 팔팔한 생각을 펼쳐 보고자 도시를 벗어나 광활한 자연은 더할 수 없는 장소가 되었을 것이다. 그곳, 누구의 방해도 받지 않는 곳에서 한바탕 퍼포먼스는 시대정신을 일으켜 세우는 자양분이 되어 어느 곳에서 무엇을 하던지 어제와 다른 나로 다양한 변화와 마주할 수 있었을 것이다.

그런데, 강정 대구현대미술제에 대한 글을 정리하는 동안 가장 궁금했던 것은 '왜 1977년도에 많은 예술가들이 강정으로 가게 되었던 것일까? 하는 점이다. 2015년 강정 대구현대미술제를 준비하면서 이 질문을 스스로에게 했고, 그래서 시도했던 일이 70년대 당시 강정에서 이루어진 이벤트를 주도했던 작가들과 인터뷰를 했었다. 이젠 원로이신 작가의 인터뷰를 통해 과거와 현재의 연결고리를 찾아보고자 했다.

먼저 1970년대 대구현대미술제의 주도적인 작가였던 이강소 선생의 인터뷰를 통해 70년대를 전후한 한국 현대미술의 단면을 이해하는 단초로 삼고자 한다.

(2) 인터뷰로 듣는 70년대 현대미술

2013년 ≪대구현대미술제 2013 : 1970년대, 그 기억의 재생과 해석≫전을 위해 70년대 대구현대미술제의 주축이 되었던 작가와의 인터뷰를 시도했다. 그리고 강정에서 전시를 하면서 다시 인터뷰를 하게 되었으니 한분을 두세 번 만나 당시의 대구 나아가 한국현대미술에 대한 작가들의 시대적 변화에 대응하는 방식을 짧게나마 들을 수 있었다. 많은 자료를 가지고 계시기도 하지만, 한국현대미술의 산증인이라고 할 수 있는 이강소 선생의 인터뷰는 팔팔한 청년정신으로 자의식을 펼치고자 했던 70년대의 시대정신을 상상하기에 충분한 모습이었다.

강정 대구현대미술제의 재탄생이 가능했던 역사적 의미가 담긴 구술 채록의 내용을 이번 책을 통해 소개해 본다. 서울도 아니고 대구도 아닌 도시와 한참 떨어져 있는 안성의 한적한 곳, 낮은 산세가 포근히 감싸고 있는 작업실을 찾았을 때, 여름의 더위가 물러가고 가을 햇살이 좋은 날이었다. 이강소 선생의 작업실을 들어서자 빛바랜 인쇄물이 시간을 품고 가지런히 테이블위에 놓여있었다.

1970년대 당시 작가들이 가졌던 현대미술과 '대구 현대미술'이 한국 현대미술의 시대적 배경 속에서 어떻게 가능했는지에 대한 이강소 선생의 인터뷰 채록을 소개한다.

이강소[3]

"70년대 전후에 우리나라 현대미술은 변화가 아주 컸습니다. 그 전에 우리가 살펴 봐

이강소 작가와의 인터뷰
이강소 스튜디오, 2013

야할 부분들이 있는데 1945년 전후 2차 대전 후에 미국에 '액션페인팅(Action painting)'이나 혹은 유럽에 '앵포르멜(Informel)' 운동이 일어났었습니다. 그전에 있었던 근대 미술하고는 확연히 구분되는 그런 미술운동이었습니다.

서구미술의 수용은 서구의 전통과 동아시아의 전통적인 사고나 철학이 다르기 때문에 서구미술을 수용하더라도 각자 민족의 정서를 반영하는 그런 형식의 미술을 형성하고자 애를 썼습니다. 그런데 일본에서도 향토적인 미술이다 혹은 해방 후에 우리나라에 있어서도 향토적인 수사를 사용해서 한국인의 정서를 표현하는 그런 근대미술이 형성되기 시작했습니다. 그러나 1950년 6.25동란으로 전쟁의 후유증이나 상처가 서양의 2차 대전이후의 상흔하고 비슷한 그런 상황에 벌어져서 1945년도 이후에 구미(歐美) 미술의 경향이 1950년대에 6.25동란세대에 와 일맥상통하는 부분이 있어서 어떤 표현적인 방법에서 영향을 크게 받았던 것입니다.

그것은 한국뿐만이 아니라, 일본 혹은 심지어 대만, 마닐라까지 동아시아, 동남아시아를 통해 서구의 현대미술이 결정적인 영향을 미쳤다고 봅니다. 액션페인팅이나 앵포르멜 같은 미술의 형식이 동아시아의 서예나 서화의 방법하고 일맥상통하는 점이 있어서 50년대나 60년대 초반에 한국 젊은 작가들에게 상당한 공감을 불러일으키면서 화단에 큰 변화를 이룩했었습니다.

그 당시 젊은 작가들 혹은 학생들은 세계미술에 대한 정보 혹은 변화를 접하기가 어려웠습니다. 구미의 미술은 한 해, 한 해 빠르게 변해갔고 그런 변화의 개념들을 동아시아에 젊은이들은 빠른 시일 내에 소화를 할 수 없었을 뿐더러 그것을 이해하기도 따라가기

3 아티스트. 1970년대 대구현대미술제의 주축 멤버.

도 상당히 힘들었습니다. 그래서 빈약한 정보환경에 의해서 젊은 작가들은 삼삼오오 모이기 시작했습니다. 현대미술의 경향에 대한 정보를 공유하고 연구를 하는 그룹도 생겨나기 시작했습니다. 현대미술 그룹들이죠.

그것이 60년대 중반 이후에 [무한대] 나 [오리진] 혹은 60년대 말에 [AG], [신체제], 그리고 [ST] 그러한 그룹들이 활발하게 형성되었습니다. 그래서 그 그룹들은 전시를 발표하는 것뿐만이 아니라 매달 젊은이들이 모여서 현대미술에 관한 논의도 하고 연구와 발표를 했던 것입니다. 열심히 했지만 조그만 그룹으로는 우리 미술계에 큰 변혁은 참 많은 시간이 걸릴 것 같아 좀 더 적극적인 미술운동을 해야 되겠다고 생각해서 저는 고향인 대구를 택했습니다. 서울의 미술계라는 것은 국제적인 어떤 경향이 민감하게 받아들여지는 곳이기 때문에 오히려 대구라는 도시가 훨씬 더 미술운동을 출발하기에 쉽지 않을까 이런 생각에서 저는 73년도에 ≪한국현대미술초대전≫ 혹은 74년도 초에 ≪한국실험작가전≫을 기획했고, 74년 가을에 제1회 ≪대구현대미술제≫를 개최하게 되었습니다.

≪대구현대미술제≫에 처음 초대된 작가들은 현대미술에 대한 이해력을 가진 작가들이었습니다. 그룹으로 [AG]와 [ST] 그리고 [신체제]그룹의 구성원들도 초대를 해서 전시를 했던 것입니다. 이렇게 해서 전국적인 단위의 작가들이 대구라는 도시에서 함께 모여 세미나도 하고 그 다음에 세미나를 하면서 언론의 주목도 받고 협조도 받고 이렇게 함으로 동세대들 간의 공감대를 형성하게 되었습니다. 제1회 ≪대구현대미술제≫를 시작으로 그 이듬해인 1975년 제1회 ≪서울현대미술제≫, ≪에꼴 드 서울≫ 그리고 76년도에는 ≪부산현대미술제≫ 그 다음에 광주의 제1회 ≪전남현대미술제≫와 전주의 제1회 ≪전북현대미술제≫가 열렸었습니다. 그래서 이 현대미술제가 돌아가면서 각 도시에서 어울리고 현대미술에 생소하던 젊은 작가들이 함께 모여서 토론도 하고 술자리도 펴고 하면서 지방색이 보이지 않는 전국의 젊은이들이 서로 우의를 쌓고 따뜻하게 서로를 반기고 거기에서 연구된 작품들을 거리낌없이 발표하고 이런 분위기 좋은 미술제가 1970년대를 통해서 79년까지 지속되었습니다.

이러한 전국적인 미술제가 일반인들의 이해를 높이기도 했지만, 중요한 것은 현대미술의 운동들이 학생들을 통해서 교내에 파급되기 시작했다는 것입니다. 그것은 우리 한국 현대미술의 교육 현장이 바로 대학교육이 현대화되는데 상당히 큰 역할을 했다고 생각하거든요. 그래서 우리 동아시아에 각국을 비교해보더라도 일본이 먼저 서구미술의 영향을 받고 수용하고 했더라도 우리 한국은 아주 재빨리 근대미술에 전체적인 흐름에서 급격하게 현대미술의 장으로 변화하게 되었던 것입니다. 이것은 우리의 현대미술이 싹트기 좋은 기간이 아니었는가, 이렇게 생각을 합니다.

70년 전후에 우리 젊은 작가들이 희망하는 것은 비슷한 공통점이 있었다고 생각합니다. 그것은 바로 서양현대미술의 형식을 그대로 차용해서 나를 구현하는 형식이 아니라, 우리들이 연구를 해서 구현해낸 형식들이 국제적으로 소통할 수 있는 또 다른 어떤 형식들을 구현해 나갈 수 있지 않을까 라는 것이었지요. 그것은 천재적인 개인에 의해서도 가능은 하겠지만 가장 중요한 것은 집단적으로 한국의 젊은 작가들이 공동으로 구현해내고 싶어 하는 그런 경향들을 집결해가지고 연구 기간을 조금 더 길게 가진다면 훨씬 더 확실한 한국인의 현대미술 형식이 구현되지 않을 것인가. 이러한 기본적인 생각에서 출발하고 그런 것이 서로간의 공통된 의식이 통하면서 협력을 하게 되었고, 거기에서 많은 작가들이 물불을 안 가리고 서로 협조하고 근대미술을 하던 작가들도 방향을 틀어가지고 현대미술로 과감하게 전향하는 그런 작가들이 매년 수없이 불어났던 것입니다.

작가는 두 사람이 모여도 의견이 다른데 여러 사람이 모이면 거기에서 한 가지 의견으로 추출하기란 대단히 힘든 것입니다. 거기에는 합당한 의견과 설득력이 있는 내용 그리고 서로가 존중할 수 있는 토론들이 필요했던 것입니다. 그런 가운데서 전국적인 단위의 미술운동이 아주 소박한 심정으로 전부 힘을 모아서 이룩되어 진 것이 저는 ≪대구현대미술제≫라고 생각합니다."[4]

---

4 강정 대구현대미술제 준비과정에서 이강소 선생과의 인터뷰 내용.

한 시대의 문화 예술은 단시간에 만들어지지 않는다. 한 집단의 문화의식은 오랜 시간에 걸쳐 축적되어온 토양 위에서 만들어지는 것이다. 달성군은 대구의 중심에서 한참 벗어나 있고 당시 대중교통이나 도로사정도 좋지 않아 많은 이들이 이동하기 쉽지 않은 곳이었다. 그럼에도 당시의 젊은 작가들이 달성군의 냉천이나 강변으로 갔던 이유가 무엇이었을까?

"냉천은 대구의 동남쪽에 있는 개울입니다. 바위가 무성한 계곡을 이용한 자유로운 작업을 제안했었고, 그 다음해는 강정이란 곳의 모래밭, 강물, 나무 등 자연 상태를 이용한 작업을 마음대로 하라고 해서 각자 작업을 진행시켰는데, 78년에는 일본의 젊은 세대 작가들, 모노하(物派)의 다음 세대들을 집단으로 초대해서 작업을 했습니다. 한국작가들의 작업과 비교도 하고..., 일정한 주제를 준 것은 아니었고 자연 속에서 자유롭게 생각하고 작업을 전개해 보고자 했습니다."[5]

대구 중심에서 한참 떨어진 냉천이나 강정으로 갔던 이유가 짐작되는 대목이다. 인터뷰 내용에서 알 수 있는 것은 당시 정치적인 억압을 피해 피 끓는 청춘의 시대정신을 펼치고자 찾았다는 것이다. 당시의 시대조류 속에서 실험적인 현대미술에 대한 갈증은 국내보다 활발했던 일본 작가들도 초대해서 국제적인 교류를 통해 자유롭게 펼쳐 보고자 했던 것으로 보인다. 서울을 중심으로 전위적인 미술에 대한 연구와 활동이 다양하게 이루어지던 60년대 후반이나 70년대 초 한국화단은 수도권을 중심으로 이루어졌다. 중앙화단에 비해 상대적으로 취약한 현대미술이 대구에서 전국적인 규모로 이루어지게 되었던 것은 이 시기에 서울에서 학업을 마치고 고향으로 내려온 몇 명의 작가들과 대구지역의 작가들이 이룬 의미있는 성과였다.

---

5   오상길, 『한국현대미술 다시 읽기』 II, 6, 70년대 미술운동 자료집 Vol.2. 오상길의 작가대담, ICAS, 2001, 137쪽.

1970년대, "'대구현대미술제'가 몰고 온 파장은 우선 수도권에만 편중된 아방가르드 avant-garde미술을 지방으로 돌려 첫 물꼬를 텄다는 점 말고도 여러 각도에서 검증할 수 있다. 전시와 병행하여 세미나 개최, 집체적인 이벤트 페스티벌, 필름작업·비디오 작업을 통한 재료 매체의 확충 등은 미술에 대한 일반의 고정관념을 깨고 일신시키는 계몽차원에서도 큰 몫을 한 것으로 믿어진다. 화단의 고질적인 학연이나 지연, 양식과 계층을 망라했다는 점에서도 고무적이었다."[6]

대구현대미술제는 여러 사람이 모여 여러 곳에서 동시다발적으로 전시와 이벤트를 벌인 미술축제였다. 당시에 이런 집단적인 미술운동이 가능했던 것은 70년대 초 시월유신이 하나의 자극제가 되기도 했을 터지만, 우리의 역사에서 70년대의 특성이야말로 경제개발을 위한 근대화로 한국현대미술의 모색과 실험 그리고 정체성을 찾기 위한 본질적인 고민에 봉착하게 했던 시기였기에 가능했을 것이다.

"60년대 후반부터 70년 후반 동안의 10년, 그 때가 집단 전시회의 전성기인데, 75년 76년 이후에는 탄력을 받아서 후반까지 이어졌는데, 70년대 실험성 있는 작업이 이루어진 것은 국전에 대한 반(反)국전처럼 시대적 변화에 따른 당위성에 대한 젊은 작가들의 태도, 당시에 인정되는 화단에 대한 반발이자 시대적 변화에 따른 충돌 같은 것이었다."[7]

(3) 1970년대의 기억과 재생

강정 대구현대미술제의 전시감독을 맡았던 계기가 되어준 전시가 바로 2013년 겨울 ≪대구현대미술제 2013 : 1970년대, 그 기억의 재생과 해석≫전 이었다. 먼저 2012년 강정 대구현대미술제가 대구현대미술제를 근간으로 전시를 시작했던 터라, 대구예술발전소에

---

[6] 김인환, 「대구현대미술제 - 한바탕 질펀한 놀이마당」, 『대구미술 다시보기 - 대구현대미술제74~79』, 대구문화예술회관 기획전시도록, 8쪽.
[7] 이명미, 70년대 대구현대미술제 주축 맴버 중 한명.

서 했던 전시에 관심을 가지고 관람했던 달성문화재단에서 제안을 하게 되어 2014년 강정 대구현대미술제 전시감독을 하게 되었다.

강정 대구현대미술제 감독을 하면서 대구현대미술제와의 차별화에 염두를 두고 시작했던 것은 ≪대구현대미술제 2013 : 1970년대, 그 기억의 재생과 해석≫이라는 주제에서 드러나듯, 1970년대 미술제에 대한 〈기억〉, 〈재생〉, 〈해석〉이라는 세 가지의 섹션으로 나눠서 진행했었다. ≪대구현대미술제 2013 : 1970년대, 그 기억의 재생과 해석≫전은 강정 대구현대미술제의 전시감독을 맡고 진행하는 데 중요한 계기이자 바탕이 되었다. 그리고 이후 이 전시에 대한 내용을 중심으로 포럼에 발표했던 것을 소개한다.

(4) 〈대구현대미술제, 과제와 전망〉[8]

① 들어가기

한국미술에 있어서 대구라는 지역에서 이루어진 1970년대 대구현대미술제가 의미하는 바는 무엇이고, 대구 현대미술은 어떤 의미가 있는가? 이러한 물음은 1970년대가 이전과 이후 시대와 구분할 수 있는 역사적 의미가 무엇인가에 대한 물음이기도 하다. 대구 현대미술을 논의 하는데 있어서 70년대가 중요한 전제가 된다면, 그것은 명확하게 대구현대미술제가 이루어진 장소와 시간이 갖는 의미 때문일 것이다.

그렇다면 전국적인 규모의 현대미술제가 70년대에 대구에서 이루어 질 수 있었던 배경은 무엇이었을까? 70년대 대구현대미술제가 이루어질 수 있었던 계기는 무엇이고, 누가 왜 만들었으며, 어떻게 그것을 가능하게 했는가? 이러한 물음에 답하는 것이야말로 대구미술의 현재와 미래를 위한 가치를 재창출할 수 있는 바탕이 된다.

또한 지금까지 많은 논의가 있었고, 여전히 진행 중인 서구나 일본의 영향관계 속에서

---

[8] 김옥렬, "대구현대미술제 2013 과제와 전망", - '1970년대, 그 기억의 재생과 해석'전을 마치고 - 대구경북 컬처매니지먼트 포럼 / 대구경북연구원, 2014년 2월 13일(목), 대구경북연구원 18층 대회의실.

한국 현대미술 그리고 그 속에서 대구는 어떤 지역적 특색을 만들어 왔으며, 현재의 대구미술이 과거보다 발전적으로 가고 있는지를 자문해본다. 글로컬Glocal시대에 지역적 특성을 명확히 인식하고, 그 지역만의 고유성을 찾아 세계와 지역의 관계를 새롭게 조망할 수 있는 탐구가 필요하다는 것을 절감한다.

이번에 ≪대구현대미술제 2013 : 1970년대, 그 기억의 재생과 해석≫展은 대구미술에서 1970년대가 가진 의미가 무엇인지에 대한 물음을 과거와 현재라는 시간적 연속성 속에서 풀어 가고자 했다. 특히, ≪대구현대미술제 2013≫이 학술과 전시감독을 따로 정해서 진행했기에 전시감독을 맡은 입장에서 당시 작가들의 구체적인 증언을 채록하는 것을 구심점으로 삼았다.

이번 포럼의 주제는 6개월간의 준비를 거쳐 15일(2013년 12월 20일~2014년 1월 5일)동안 대구예술발전소에서 전시되었던 ≪대구현대미술제 2013 : 1970년대, 그 기억의 재생과 해석≫과 이후, 과제와 전망에 관한 것이다. 발표내용은 전시에 대한 소개 그리고 전시에서 하지 못했지만, 1970년대의 대구현대미술제가 현대미술을 자각한 장소와 시간이라는 의미가 있었기에 이에 대한 개인적인 소감을 밝혀 보고자 한다. 마지막으로 과제와 전망을 통해 대구미술의 미래지향적인 시각을 담아내기 위한 실천적인 가능성을 제시하는 것으로 이 글을 맺고자 한다.

② 1970년대, 그 기억의 재생과 해석

≪대구현대미술제 2013≫은 1970년대의 대구 현대미술 나아가 한국 현대미술을 재조명하기 위한 전시로 역사적인 가치를 새롭게 발굴해 보다 미래지향적인 미술의 미래를 열어가기 위한 시도에서 이루어진 기획이었다. 무엇보다 60년대와 80년대라는 시대적 흐름 속에서 70년대의 의미, 70년대 미술이 차별화 될 수 있는 특수성이란 과연 무엇일까? 라는 물음에서 출발했다.

이러한 물음이 가능한 것은 1970년대 대구에서 시작된 대구현대미술제(74년~79년까지

5회)⁹가 개인뿐 아니라, 집단적인 활동으로 시대적 흐름에 반응하는 미술운동의 성격을 띠고 전국적으로 확산되는 계기가 되었기 때문이다. 이에 대한 개인의 독자적인 개성을 중요시하는 미술이 1970년대 어떻게 전국적으로 다양한 성격의 미술단체가 모여서 미술제를 할 수 있었을까?

"1970년대 대구화단은 서울화단의 모노톤 회화와 구별되는 오브제, 영상, 설치 퍼포먼스 실험미술로 새바람을 일으킨 현대미술의 또 다른 중심지였다. 이강소, 황현욱, 최병소 등을 주축으로 한 대구의 아방가르드들은 대구지역작가뿐 아니라 서울과 부산의 진취적 작가들을 초대하여 지역적이면서도 탈지역적인 미술제를 개최, 현대미술의 활로를 찾고자 했다."¹⁰ 이글은 단색조 회화가 이루어지던 분위기에서 탈지역적 미술제로 실험미술을 시도하면서 새바람을 일으키는 중심지가 대구였다는 것이다.

그렇다면 1970년대, 이루어진 대구현대미술제는 어떤 환경적 배경 속에서 개인과 개인이 모여 집단미술운동으로 진행해 갈 수 있었을까? 그 중심이 대구였던 이유는 무엇인가? 동시대의 문화적 대응방식에는 다소간의 차이가 있을 것이다. 그리고 그 차이가 건강하게 소통할 수 있을 때 문화적 풍요를 누릴 수 있는 자양분이 된다. 인간은 독립된 개체이기에 집단화 속에서 개인의 특수성은 더욱 구체화된다. 대구현대미술제가 개인과 단체 활동을 통해 어떤 역할을 했던 것일까? 전시를 마치고 나서도 그 의문은 여전히 남아있다.

1970년대 초등학교와 중학교 시절을 보냈던 나로서는 당시의 정치 사회적 분위기를 알기 어려운 나이였고, 고등학교를 다니면서 비로소 사회 문화적 분위기에 대해 이런저런 얘기를 들을 수 있었다. 1970년대는 남·북간의 군사적 대립으로 인한 긴장과 억압적인 분위기 속에서 예술가들의 활동이 소극적일 수도 있었겠지만, 보다 다양한 방식의 대응이 이루어질 수 있었을 것이다. 그것은 아방가르드적 개념미술가와 현실과 발언 작가의 미술

---

9 박민영, 『대구미술 다시보기 - 대구현대미술제 '74~'79』, 대구문화예술회관 기획전시, 2004.
   1974년~79년까지 5회 동안 진행된 '대구현대미술제' 참여 작가명단이 자세히 기록되어 있음.
10 김홍희, 「1970~80년대 한국의 역사적 개념미술」, 〈박현기의 한국적 미니멀리즘 비디오〉, 눈빛, 2011, 226쪽.

을 통한 사회적 대응방식에서 알 수 있다.

이러한 시대적 변화 속에서 '한국적'이라는 정체성의 의미가 어떻게 이루어졌으며, 이 시기 대구는 어떤 방식으로 중심과 주변이라는 문화적 관계 속에서 자리매김하고 있었는지를 통해 역사적 가치를 재조명할 필요가 있다. 이를 위해 70년대의 역사적 스펙트럼 속에서 아직 발굴되지 못한 자료를 찾아서 그 기억에 대한 생생한 기록을 수집 정리하고, 나아가 대구현대미술제가 갖는 역사적 의미를 재생산해 나가야 할 것이다.

이러한 의미를 실천하기 위한 하나의 단초로 아카이브를 통해 학술적이고 창조적인 지평을 마련해 보고자 인터뷰섹션을 시도했다. 과거의 미술운동에서 생생한 증언을 채록하고자 했던 것은 그 어떤 가치를 발굴해서 과거와 현재라는 시간적 경과 속에서 동시대적 의미를 보다 확장해 가기 위한 것이었다. 역사적 기억을 찾는 것은 현재뿐 아니라, 미래를 위해 중요한 임무이고, 미래는 과거라는 뿌리를 통해 만들어 질 수밖에 없기 때문이다.

따라서 이번 전시는 대구현대미술제의 주축이 되었던 작가 인터뷰와 미술이론가, 갤러리스트의 인터뷰로 당시의 분위기를 담아 보고자 했다. 이러한 시도를 통해 아직 발굴되지 않은 역사적 가치를 수집하게 된다면, 과거와 현재를 유기적으로 살아 숨 쉬게 하는 연결고리가 될 수 있을 뿐 아니라, 대구미술의 아카이브를 위한 귀중한 자료가 될 수 있다.

가. 기억 Memory

첫 번째 섹션인 '기억'에서 전시되었던 작품은 작고한 작가로 구성되었다. 「공간」지 좌담에서는 1970년대, "그 시기의 특징을 관념화와 획일화 현상, 그리고 화단세력에 따른 이합집산으로 요약, 또 초반이 물질사고를 지향한 반면 후반은 지나친 관념론에 경도되었으며, 외국의 새 경향에 대한 무분별한 추수로 주류를 좇는 조형사고의 획일화가 일어났다."[11] 고 평가했다. 기억 섹션에서는 이러한 획일화에 대한 평가에도 불구하고, 아방가르드

---

11 평론가(이일, 김인환, 오광수, 윤우학)좌담, 「한국현대미술의 상황과 그 전망」, 『공간』 1981.6월호, 26~29쪽.

적 개념미술이나 단색조 회화의 흐름 속에서 실험적 리더에 있거나 독자적인 개성을 찾고자 노력했던 작가들의 작품으로 전시를 구성했다.

    1970년대는 동시대미술에 대한 인식이 미술가를 중심으로 확산되면서 개인과 소그룹 활동을 하는 작가들이 두드러졌던 시기였다. 그 당시 활발한 활동을 한 작가들의 작품을 통해 동시대미술의 수용과정에서 개인과 집단의 공유방식이 획일화나 동질화의 함정을 안고 있었지만, 유사성과 차이점 속에서 발견할 수 있는 '차별화'가 개인 혹은 집단 속에서 가능할 수 있었던 가치가 무엇인지, 그 가치를 과거의 기억 속에서 새롭게 발굴해 보고자 했던 것이 '기억' 섹션의 의미였다.

    곽인식의 〈Untitled〉은 어떤 대상의 재구성이 아닌, 점이라는 최소한의 요소를 반복함으로써 완결된 상태 보다는 과정을 통해 무한히 열린 공간을 지향한다. 이러한 시도는 회화가 무엇인지에 대한 근원적인 물음에 스스로 질문하고 그 길을 탐색해 가면서 만들어진 흔적들이다. 하나의 점이 반복되거나 겹치는 흔적, 그 순간은 행위 과정을 통해 생명의 울림 혹은 나와 대상의 관계설정이 이루어지는 순간일 것이다.

    박광호의 요凹와 철凸은 2차원의 회화적 공간이 갖는 시각적 요소를 색과 형의 대비로 상징적인 의미를 드러내고 있다. 회화적 공간을 지각하는 그의 방식은 사각 프레임의 변화에서 출발해 요철의 상징적인 대비뿐 아니라, 색과 형의 대비로 한정된 공간 속에서 부유하는 성적 기호를 통해 우주의 생성 원리를 담아내고 있다.

    이동엽의 〈사이〉는 7~80년대에 시도한 백색 단색화 연작 가운데 하나이다. 1975년 〈한국 5인의 작가 - 다섯 가지의 백색〉전이 동경화랑에 전시되면서 흰색이 한국의 민족성을 상징하는 가치로 인식되고 형태를 지우고 비물질적인 화면을 추구하는 경향이 보다 구체화되었다. 지속적으로 단색화작업을 시도한 이동엽의 회화 〈사이〉는 어쩌면 텅 빈 화면 혹은 무위無爲의 화면이다. 이렇게 백색 혹은 무색으로 환원된 그의 무위의 회화적 공간은 복잡한 생각을 털어 버리고 순수한 상태, 즉 무념무상無念無想의 장소가 된다.

    이향미의 작품은 캔버스와 한지 위에서 물감의 물성이 흘러내리는 방식을 보여준다.

〈색자체〉는 물성이 갖는 특성을 회화적인 방식으로 실험하고 있다. 캔버스와 한지가 갖는 재료적인 특성의 차이에 따라 물감의 농도와 색의 효과가 갖는 의미, 물성이 지닌 본성의 극대화, 일정한 공간에서 흘러내린 시간의 궤적과 흔적이라는 회화적 의미를 갖는다.

박현기의 〈TV어항〉[12]은 움직이는 전자회화이다. 그의 〈TV어항〉은 기존의 회화가 보여주었던 그려진 이미지, 정지된 시점에서 움직임을 담는 영상으로 변화된 미술, 즉 비디오를 통해 이미지가 갖는 선입견이나 프레임의 안과 밖 혹은 정지(장소)와 운동(시간)을 다양한 방식으로 포착한다. 그는 비디오를 통해 시·공간의 경계를 걸으며 실재와 환영 사이에 놓인 벽을 전자회화인 TV를 통해 무한히 열린 시간 속에서 존재론적 질문을 던진다.

(2) 재생 Regeneration

여기서 '재생'의 의미는 1970년대라는 시대상황 속에서 탄생한 미술이 40년이라는 세월을 거친, 그 시간만큼 여과된 의미와 가치를 현재라는 시간 속에서 다시 재생해보고자 하는 의도였다. 그리고 이 섹션에서는 전후 앵포르멜이나 이후 실험미술 그리고 70년대 단색조 회화까지 다양한 방식의 시도가 이루어진 시대적 배경 속에서 자신의 작품에 몰두했던 미술가들의 작품으로 전시를 했다.

다양한 실험이 이루어졌던 70년대의 대구는 개인의 창작이 집단운동으로 발현되어 대규모의 미술운동으로 확산되는 계기를 제공했던 장소이다. 이러한 미술운동은 모색과 실험을 통해 대외적으로 보다 확장되고 한편에선 화단세력의 영향으로 이루어진 '이합집산의 획일화 현상'에 편승하기도 했을 것이다. 무엇보다 6~70년대 탈脫평면에서 비非물질화 현상이 지배하던 시기에 평면에 대한 이해는 점점 '관습화되는 것'이기도 했다.

---

12 〈TV어항〉은 유족이 소장하고 있는 작품으로 1977년으로 소개되었지만, 제작년도가 명확하지 않음.
 *참조: "강물에 대형거울을 수직면으로 세워 그것이 출렁이는 물결을 반영하도록 설치한 거울 반영작업을 비디오에 담아 그는 1979년 제5회 마지막 대구현대미술제에 출품하였다. 한편, 동 미술제에 출품한 〈어항TV〉, 1979년 〈비디오 물 기울기〉등 모니터 연작을 조형화", 김홍희, 앞의 책, 〈박현기의 한국적 미니멀리즘 비디오〉, 237쪽.

"1970년대에서 1980년대 초까지 우리나라 전시장의 벽은 형상이 완전히 사라진, 거의 회색, 흰색, 갈색 등 중립적인 단색의 작품들로 가득 채워지고 있었다. 모노크롬 미술, 혹은 단색화單色畵로 불려진 이 미술운동은 박서보, 하종현, 김기린, 최명영, 권영우 등 이미 화단에서 어느 정도 인정받았던 40대의 기성 작가들을 중심으로 이루어진 운동이었다. 처음에는 각각 개인적인 차원에서 진행되다가 1975년에 '에꼴 드 서울Ecole de Seoul'이라는 구심점을 형성하게 되면서부터 집단적인 운동 형식을 갖추게 되었다."[13] 이러한 시대에 대구는 '현대미술제'를 중심으로 다양한 장르의 미술운동이 이루어졌다는 것에서 대구현대미술제가 갖는 일차적인 의미를 찾을 수 있을 것이다.

"1970년대 초, 서울에서 학교를 마치고 활동을 벌이다 고향으로 돌아온 몇몇의 작가들은 그들의 도전과 패기를 대구에서 실험하기로 하였다. 이강소, 황현욱, 최병소, 이향미, 이명미 등은 대구에 정착하면서 1973년 ≪Expose≫(1973, 대구백화점 화랑), ≪현대작가초대전≫(1973, 대구백화점화랑), ≪한국실험작가전≫(1974, 대구백화점화랑) 등을 통해 다분히 실험적인 소재와 개념적이고 철학적인 작품으로 기존의 평면적인 미술의 구상, 추상이라는 구분을 넘어선 새로운 미술의 확장을 보여주었다."[14]

70년대 다수에 의한 회화적 운동으로 확산되었던 단색조 회화가 가능했던 것은 외래문화에 대한 정보의 속도와 혼란한 시대적 상황과도 연관되어 있다. 이러한 변화의 시대에 실험정신을 밀고 나가기란 쉬운 일이 아니었을 것이다. 시대적 변화에 조응하면서 시대적 흐름을 이끌어 간다는 것은 산란을 위해 연어가 하천을 거슬러 올라가는 것만큼이나 어려운 일이다. 분명한 것은 대구현대미술제가 어떤 시대적 우연성이 아니라, 당시에 대구에서 현대미술운동이 발아할 수 있는 토양이 있었기에 가능했을 것이다.

그럼 그 토양이란 무엇일까? ≪대구현대미술제 2013≫ 학술제에서 발견할 수 있었던

---

13 김영나, 「20세기의 한국미술」 2, 변화와 도전의 시기, 예경, 2010, 274~275쪽.
14 박민영, 『대구미술 다시보기』, 앞의 책, 16~17쪽.

것은 "대구 현대미술의 주요 특성은 영남 선비문화에 기반을 둔 문기文氣에 의한 기운생동氣韻生動의 서체적 표현"15이 전통을 계승해온 대구미술의 정신적 토양임을 밝히고 있다. 그래서 대구현대미술제는 "일제 강점기에도 한강 이남의 신新미술의 중심이었던 대구미술의 역사성을 지키면서 대한민국 국전 스타일의 묘사주의를 배격하고, 실험적인 현대미술의 입지를 구축하였다. 1970년대의 대구미술의 존재감을 표출하는데 대구현대미술제가 큰 역할을 하였다."16

현대미술이 전통문화에 반발하면서 새로움을 추구하기도 하지만, 전통을 계승하는 근거가 되기도 한다. 이런 점에서 한 시대의 미술은 버릴 것과 지켜가야 할 것 사이에서 창조적인 정신을 발휘하는 개인과 단체의 역할이 매우 중요하다. 그것은 시대적 가치를 만들어 가는 중요한 의미이자 역사이기 때문이다. 이러한 의미를 '재생' 섹션을 통해 펼쳐 놓고자 했다. '재생' 섹션에서는 대구현대미술제를 주도했던 작가와 당시 미술제에 참여하지는 않았지만 동시대 미술에 대한 자각으로 새로운 시도를 하고 있었던 작가들로 전시를 구성했다. 작품은 70년대의 실험성과 탈평면 그리고 비물질이라는 범주, 그 범주와 연관된 근작을 포함한 전시였다.

70년대 단색조 회화에 대한 실험과 이후, 해골을 모티프로 삶과 죽음의 관계를 질문하는 **권정호**의 작품, 사진 속 이미지가 오브제로 만들어져 안과 밖, 네거티브와 포지티브의 관계설정 그리고 40년이라는 세월을 고스란히 담고 있는 **김영진**의 박제된 고양이, 채워지는 것(그림)과 비워지는 것(여백) 간의 전이를 시도한 **김호득**의 〈겹-사이〉, 실체와 거울에 비친 이미지 그 사이에 놓인 거울, 거울 앞에선 '나'가 아닌 그려진 '타인'을 보게 하는 **김홍주**의 〈Untitled〉이 전시되었다.

또한, 〈땅따먹기〉로 놀이 규칙에서처럼, 확보된 공간을 이어가며 선을 긋고 어느 한

---

15 박남희, 「1970년대, 대구현대미술에 나타난 단체 활동과 그 미술사적 의미」, '2013 대구현대미술제 - 학술심포지움' 발제문, 15쪽.
16 앞의 발제문, 13쪽.

쪽의 공간에 색을 칠하는 방식으로 게임의 우연성을 회화적 공간으로 설정한 **백미혜**, 〈닭발〉과 〈순환〉에서 보여지 듯 오브제를 통해 70년대 현실을 담아낸 **신학철**, 자연의 리듬 따라 몸과 캔버스가 하나로 융화되는 지점에 손과 마음이 만나는 곳이 그림이 되는 **이강소**의 〈虛, Emptiness〉, 70년대 신체를 매개로 한 이벤트와 퍼포먼스를 통해 미술에 대한 상황적 논리를 회화와 설치로 보여준 **이건용**, 단색조 회화가 한국적 정체성으로 집단양식화 되는 가운데 독야청청 다양한 색의 매력을 〈놀이〉에 담아낸 **이명미**, 무한의 공간에 하나의 점 혹은 돌 하나에 호흡과 생명의 울림을 노래하는 **이우환**, 볼펜과 연필로 신문의 정보를 지우는 반복행위, 그 행위과정으로 부정과 긍정, 우연과 필연의 들숨과 날숨의 흔적을 보여주는 **최병소**의 작품이 전시되었다.

이렇게 '재생' 섹션에는 1970년대에 활동한 작가들이 당시의 생생한 호흡을 예술로 승화시킨 작품으로 구성했다. 삶이 예술로 혹은 예술이 삶이되는 장소에 대한 작가들의 질문은 끊임없이 변화하는 유동적인 것과 정지된 것 사이에 스스로를 개입시킨다. 그리고 보이는 것과 보이지 않는 것, 실재와 이미지의 연결고리가 되어 상상의 세계를 열어간다. 과거와 현대라는 시간 속에서 삶은 예술로 들어가고 예술은 삶으로 들어가는 뫼비우스의 띠가 된다. 역사적 장소와 시간은 과거와 현재 그리고 미래가 뫼비우스의 띠로 연결되는 순환 고리, 밖이 안이고 안이 밖인, 안도 밖도 없는 하나의 장소에서 만나는 재탄생의 시간을 경험하는 장소였다.

다. 해석 Interpretation

'해석' 섹션은 격동의 시기인 1970년대, 유동적인 변화를 담아내고자 했던 탈형상과 실험미술 그리고 비물질화, 그에 대한 과거와 현재라는 시간적 경계에 있는 근작을 전시했다. 현재라는 시간에서 창작의 형식과 내용이 가진 70년대와의 차이와 유사성에 주목해 그 의미와 가치가 담긴 작품을 통해서 미래지향적인 비전을 찾고자 구성된 전시였다. 이 섹션에 참가한 작가들의 작품에서는 물성이 갖는 섬세한 차이, 그 속에서 발견할 수 있는 변화를 해석해 볼 수 있도록 구성했다. 이 변화에는 작가들의 연구가 단순히 재료적 특성의 차이나 결합만이 아닌, 재료가 갖는 의미가 감상의 자리로 확장되는 보다 자유로운 감상이 가능한 장을 펼쳐 놓고자 했다.

김결수의 〈Labor/effectiveness〉는 30년 전 생계의 도구로 사용된 배에 담겨 있는 한어부의 노동과 질퍽한 삶의 애환을 담고 있다. **김영세**는 "나는 이곳에 불시착했다. 목적지가 예정돼 있던 것이 아니어서 불시착이랄 것도 없었다."고 하는 그의 말처럼, 캔버스와 물감이 만나는 지점은 불시착을 전제한 그의 감각이 결 따라 흐르는 순간일 것이다. **김종구**의 〈쇳가루 산수화〉는 인간사의 슬픔을 갈아내 듯, 쇠를 갈아서 쓴 감성적 시어로 화면가득 흘러내리며 슬픔을 녹여낸 쇳가루 산수이다. **손파**는 이백만개의 이방 침으로 만든 의자와 책을 보여준다. 의자는 사회적 신분을, 책은 지식을 상징하는 것이라고 볼 때, 그의 〈Untitled〉는 피로한 사회를 바라보는 작가적 시각이 담겨 있다. **윤동천**의 〈사연연작〉은 텍스트와 오브제의 상호작용을 통해 작가에 의해 선택된 1차적 사연을 제3의 사연으로 확장해 간다. **이교준**의 작업은 수평과 수직의 선 혹은 면이 교차하면서 대상의 모방에서 벗어나 색과 공간에 질서와 체계를 부여하는 시·공간을 형성한다. **차규선**의 도자기 흙과 물감이 혼합된 화면은 자연의 본성과 인간의 본성이 회화적 장에서 만나는 순간, 제3의 풍경이 된다.

윤진섭의 오프닝을 위한 퍼포먼스는 〈동성로를 지나가는 여자의 구두 색〉이라는 제목으로 신체의 크기에 비례하는 노란색의 책을 펼쳐놓고, 그 위를 한 작가(이건용)의 참여를 유도하면서 호흡을 맞추었다. 그리고 몇몇 관객에게 노란색 선물을 하고 다른 사람들에게는 노란색의 견출지를 몸에 부착하게 하는 퍼포먼스를 펼쳤다. 미리 준비한 노란색의 포트와 〈동성로를 지나가는 여자의 구두색〉이라는 문장이 겹쳐지면서 우연성이 만들어내는 의미를 전시효과로 마무리했다.

3) 자각의 시간과 장소

≪대구현대미술제 2013≫은 1970년대의 역사적 조명을 위한 전시였다. 이 글에서 맨 처음 제기한 물음인 한국미술에 있어서 1970년대가 의미하는 바가 무엇이고, 1970년대 대구현대미술이 의미하는 바가 무엇인지를 한마디로 답하기는 어렵다. 그러나 그에 대한 정확한 답은 아닐지라도 작가들을 만나면서 마치 메아리처럼 남아 있는 여운이 있다. 그것은 바로 작가들을 움직이고 모여서 전시를 할 수 있는 힘이 그 시간과 장소에 있었다는 것이다. 그것은 당시 참여했던 작가들이 느꼈을 '자각의 시간과 장소'였던 것이다.

당시 신문보도 자료에서는 대구현대미술에 대한 언론의 짧은 기사를 통해 몇 가지의 시각을 볼 수 있다. 「전위미술의 현주소를 보여준 대구현대미술제」(『조선일보』, 1977.5.3), 「전위미술 운동 지방으로 확산」(『서울신문』, 1977.5.3), 「행동하는 예술, 대구현대미술제의 이모저모」(『서울신문』, 1978.9.26), 「전위미술 실험 잔치, 제4회 대구현대미술제 야외 이벤트」(『조선일보』, 1978.9.27), 「백사장 위의 현대미술, 이벤트 페스티벌」(『동아일보』, 1979.7.10) 등으로 보도되어 있다.

그리고 단색조 회화가 이루어지는 분위기 속에서 한국의 실험미술이 진로를 찾은 곳이 대구였다는 시각도 있다. "대구현대미술제는 100명의 작가들이 전국적으로 참가한 대규모 전시였다. 유신시대 정치·사회적 현실과 부딪쳤던 초기 실험미술에 비해 이들의 행위미술과 토론, 이벤트는 대체로 사회적 현실과 괴리된 양상을 띠었다. 비가 내리는 낙동강 백사장 모래무덤 위에 올라앉아 소주를 마셨던 이강소, 강변 포플러 나무에 횟가루로 그림자를 그렸던 박현기, 나무에 못을 박고 외투를 걸어 '자연과 인간의 관계'를 나타내려 했던 장성진, 강가를 따라 물결무늬를 발로 뭉갰던 이상남 등",[17] "이들의 행위미술과

---

[17] 김미경, 「한국현대미술자료 略史(1960~79)」, 80~81쪽. 전위미술의 현주소 보여준 대구현대미술제(『조선일보』, 1977.5.3), 재인용.

이벤트는 미술 내적인 문제와 작가 자신의 문제를 다루고 있었다. 그러나 당시 보도는 앵포르멜부터 ≪악튀엘≫이나 ≪청년작가연립전≫ 그리고 한국 단색조회화에 이르는 모든 새로운 미술을 실험미술로 간주했던 한계를 보였다."[18]

    70년대 대구현대미술제를 바라보는 시각은 다양할 수 있다. 그러나 한국의 사회 문화적 상황 속에서 당시 새로운 미술의 흐름에 대응한 개인과 단체를 보는 시각은 보다 면밀한 연구가 필요하다. 그 이유는 당시의 시대상황과 지금 현재를 어떻게 연결하고 또 인식하는가에 따라 그 의미가 달라 질 수 있을 것이기 때문이다. 다만 이번 전시를 통해 인지할 수 있었던 부분은 미술제의 주축 멤버와 미술인의 증언을 통해 그 의미를 보다 구체적으로 제공하기 위한 전시였고, 그것은 분명히 당시의 시대상황 속에서 현대미술의 발전적 가능성 내지는 존재의 가치를 찾고자 자각했던 시간과 장소가 70년대 대구였다는 것이다.

    어떤 점에서 대구는 폭풍의 눈처럼, 공안정치의 억압 속에서 미술로 저항하면서 존재의 가치를 찾을 수 있는 적합한 장소였을 것이다. 당시의 사회 속에서 공포의 완충지대가 갖는 장소적 의미이자, 동시에 다양한 미술의 흐름을 흡수하는 곳이기도 했다. 무엇보다 1970년대 대구현대미술제가 갖는 명백한 의미는 서울뿐 아니라, 부산과 광주 등 전국적으로 미술제가 이루어지는 기폭제가 되었다는 것이다.

    작가들이 가질 수 있는 현실에 대한 자각, 그 자각은 바로 인간이 가진 존재의 의미를 잃어버리지 않겠다는 의지의 소산이다. 그리고 그러한 태도에서 나오는 예술의 가치는 예술을 넘어 삶으로 확장되는 것이다. 지역에서 이루어진 창작의 태도에서 나온 실천적 자각은 거리로 들로 강으로 나서서 작가적 존재감에 대한 확인, 그 실천적 운동이었음에 주목할 필요가 있다.

---

18 위의 책, 같은 페이지; 김미경, 「실험미술, 그 실상과 허상」(『경향신문』, 1977.7.12), 재인용.

① 4인의 비디오

이 섹션은 김영진, 박현기, 이강소, 최병소 네 명의 아티스트가 '1978년'[19] K스튜디오에 모여 퍼포먼스 비디오 영상을 촬영한 것인데, 그동안 비디오의 행방을 알 수 없었지만 뒤 늦게나마 찾게 되어 이번에 전시를 할 수 있었다. 78년 제4회 대구현대미술제 3부 '비디오&필름' 전시를 위해 만들어졌던 비디오 작업이었다.

김영진의 비디오는 투명한 유리 바깥쪽에 몸의 부분 부분을 밀착하고 유리와 몸이 맞닿는 곳을 매직펜으로 따라 그리는 드로잉 영상이다. 이러한 시도는 하나의 통일된 신체의 부분만을 포착해서 신체와 유리가 만나는 지점을 따라 그린 흔적에서 추상 혹은 제3의 다양한 이미지가 된다.

박현기의 비디오는 물이 담긴 물동이에 조명기구가 비춰진 영상으로 물이 일렁이면 이미지가 흩어졌다가 다시 물이 고요한 상태가 되면 이미지가 선명해지는 영상이 된다. 비춰지는 것과 실체, 그것을 반영한 물과 이미지의 관계를 포착하고 있다.

이강소는 카메라 앞에 놓인 투명 유리 반대쪽에 서서 유리에 페인팅하는 장면을 비디오로 촬영했다. 시간의 궤적에 따라 유리 바깥쪽의 물감이 칠해지면서 붓질 사이사이로 보이던 몸의 움직임이 몇 번의 붓질을 더해가면서 카메라 앞의 영상은 마치 흰색의 캔버스로 환원되거나 색을 사용한 영상은 색면 회화가 되는 비디오 영상이다.

최병소의 비디오는 화면의 왼쪽에서 오른쪽으로 칠판에 분필로 반복된 선을 긋고 화면이 채워지면 다시 오른쪽에서 왼쪽으로 그은 분필의 선을 따라 지우듯 반복된 행위로 영상에서 사라진다. 반복행위를 통해 그리면서 지우는 행위는 마치 같지만 다른 수많은 삶이거나 한 호흡 한 호흡을 밟으며 가야하는 생명의 울림과도 같다.

---

[19] 김영진, 박현기, 이강소, 최병소 4인이 K스튜디오에서 각자의 작업스타일에 맞는 비디오 영상을 1978년에 촬영했음을 세 명의 작가를 통해 확인. 1977년 작으로 알려졌던 故박현기작가의 비디오 영상도 1978년에 촬영되었음을 확인했음.

② 8인의 인터뷰

이 섹션은 ≪대구현대미술제 2013≫의 부제이기도한 '아카이브적 담론'에 대한 가장 구체적인 해석이자, 전시 주제인 '1970년대, 그 기억의 재생과 해석'이 하나로 통합되어 있는 섹션이다. 그것은 인터뷰를 하는 순간, 70년대라는 지나간 과거에 대한 기억을 떠올리고 언어화 되는 과정에서 재생과 해석이 동시에 이루어지기 때문이다. 따라서 이번 전시가 대구 나아가 한국의 1970년대를 재조명한다는 의미에서 매우 중요한 자료이기에 인터뷰의 내용 중에서 당시의 현대미술을 이해할 수 있는 중요한 부분을 기록해 놓는다.

김영진

70년대부터 대구라는 곳에서 만났던 사람들, 그 분들에게 미술에 대한 에너지가 있었던 것 같아요. 그게 나한테 힘이 되었습니다. 그런 작가들을 보면서 그 작가 옆에서 같은 수준의 작가가 되려는 마음이 있기 마련입니다. 그것은 서로 자극이 되기 때문이에요. 한마디 그냥 뱉는 것도 그게 한 단계를 같이 높이는 것이거든요. 아마 70년대 우리가 시작했던 그 작가들의 에너지, 만날 술만 먹은 것은 아니고 그냥 예술에 대해 한마디씩 하던 것이 그때에 힘이 안 되었겠나 생각합니다.

70년대부터 지금까지, 나의 작업은 종이에 그리는 것, 캔버스 같은 데 그리는 것을 떠나서 40~50년 동안 설치 쪽 길로만 왔어요.

전시와 상관없이 숨어서 작업하는 사람들이 많아요. 이론하는 사람들이 숨어있는 작가들을 찾아내서 발굴할 필요가 있어요. 스스로 자기를 밖으로 드러내고 싶어 하는 부류가 있는가 하면, 되도록이면 숨어있기를 좋아하는 작가들도 있어요. 그러니깐 이론하시는 분들이 그런 분들을 밖으로 끄집어내 보면 아주 재밌는 이야기가 그 속에 있다고 봐요.

*2013년 10월 15일, 김영진 작가의 경주 작업실 인터뷰내용 중 일부 발췌

최병소

1970년대 중반 미대를 갓 나온 젊은 악동들이 대구에 모여들면서 이 도시에 새로운 기운이 감돌기 시작했어요. 1970년도 중반에 대구에 젊은 작가들인 이강소, 황현욱 이라든지 박현기 그리고 이명미 이런 작가들이 대구에 모여들면서 새로운 전운이 감돌기 시작했단 말이지. 나는 중대 미대를 다녔는데 나도 그분들과 교류하면서 미술의 고정관념을 깨는 일에 동참하게 되었습니다. 그때 그분들이 관심 가지고 시도했던 것이 뭐냐면, '새로운 것 좀 만들어보자'이래서 기존 미술의 고정관념, 그런 것을 과감하게 깨기 시작했어요. 당시에 나도 그러한 태도에 동참을 한 거죠.

'새로운 것도 만들어 보자'는 분위기 속에서 내 작업을 만들어 나갔는데, 그 땐 뭐 직장도 없고 백수로 살았으니깐 제작비도 없고 또 작업실도 없었거든, 그래서 제작비도 안들이고 작업실 없이도 할 수 있는 그런 작업을 찾으려 했는데, 그 때 발견한 것이 신문지하고 굴러다니는 필기구 그것을 가지고 작업을 시작했지요. 굳이 작업실에서 하는 것도 아니고 집에서, 식탁에서, 서재에서 해도 되고 그렇게 해서 70년대 중반에 이 작업들이 세상에 나온 것이지요. 미대를 다닐 때도 미술에 그렇게 흥미를 안가지고 있었는데, 70년대 중반 미대를 갓 나온 친구들이 모이면서 그때부터 미술에 관심을 가지게 된 거야. 친구들 때문에 가능했지요.

* 2013년 10월 10일, 최병소 작가의 대구 작업실 인터뷰내용 중 일부 발췌

이명미

70년대 ≪대구현대미술제≫는 집단화였어요. 개별적으로 작업이 나온 것은 집단적으로 참여하는 ≪대구현대미술제≫나 ≪서울현대미술제≫이런 집단미술운동이 끝나고 나서 개인적인 개성이 부각되는 작업이 나오기 시작했어요. 쉽게 생각하면 합창단 아니면 중창단으로 작품이 나오고 나서 70년대 이후부터 솔로작업이 나오기 시작했다고 봐요. 솔로가 합창단과 중창단에서 나와서 자기 그림을 그리지만, 솔로로 독창회를 못하는 사람

도 있고, 또 독창회를 했지만 사람들의 기억에 남아 있지 않으면 역사 속으로 사라지는 것이기도 합니다.

70년대 실험성은 국전에 대한 반反국전처럼 시대적 변화에 따른 젊은 작가들의 태도, 당시에 인정되는 화단에 대한 반발이자 시대적 변화에 따른 충돌 같은 것이었습니다.

내가 애정을 갖게 되는 작가는 새로운 작업을 하고 싶다는 매력에 빠져 그것을 위해서 최우선 목표로 잡고 가는 사람들입니다. 넓고 편한 길도 있는데 오솔길을 택해서 가려는 작가들을 보면 동료로서 어떤 연민이랄까, 애정을 갖게 됩니다. 혼자라서 외롭지만 고행을 참으면서 가는 사람이 있다는 것은 마치 저 멀리서 불 피우고 있는 인류가 있다는 것과 마찬가지잖아요.

   * 2013년 10월 11일, 이명미 작가의 대구 작업실 인터뷰내용 중 일부 발췌

이강소

70년대 전후에 우리나라 현대미술은 변화가 아주 컸습니다.

그 당시 젊은 작가들 혹은 학생들은 세계미술에 대한 정보 혹은 변화를 접하기가 어려웠습니다. 구미歐美의 미술은 한 해 한 해 빠르게 변해갔고, 그런 변화의 개념들을 동아시아에 젊은이들은 빠른 시일 내에 소화를 할 수 없었을 뿐더러, 그것을 이해하기도 따라가기도 상당히 힘들었습니다. 그래서 빈약한 정보환경에 의해서 젊은 작가들은 삼삼오오 모이기 시작했습니다. 그래서 그룹 활동으로 전시를 하는 것뿐만 아니라 매달 젊은이들이 모여서 현대미술에 관한 논의도 하고 연구와 발표를 했던 것입니다.

1974년 제1회 ≪대구현대미술제≫는 이듬해인 75년 제1회 ≪서울현대미술제≫, ≪에꼴 드 서울≫ 그리고 76년도에는 ≪부산현대미술제≫, 그 다음에 광주의 제1회 ≪전남현대미술제≫와 전주의 제1회 ≪전북현대미술제≫가 열렸었습니다. 이러한 전국적인 미술제가 일반인들의 이해를 높이기도 했지만, 중요한 것은 현대미술의 운동들이 학생들을 통해서 교내에 파급되기 시작했다는 것입니다. 그것은 우리 한국현대미술의 교육현장을

현대화되는데 상당히 큰 역할을 했다고 생각하거든요. 그래서 우리 동아시아에 각국을 비교해보더라도 일본이 먼저 서구미술의 영향을 받고 수용하고 했더라도 우리 한국은 아주 재빨리 근대미술의 흐름에서 급격하게 현대미술의 장으로 변화하게 되었던 것입니다.

* 2013년 10월 29일, 이강소작가의 안성 작업실 인터뷰내용 중 일부 발췌

이건용

≪대구현대미술제≫는 강정에서 자연을 배경으로 개방적인 방식으로 예술행위를 보여 주려했고, 그런 것을 통해서 예술의 폭을 넓히려 했던 시도였다. 바로 그런 지점들이 도시중심으로 이루어졌던 분위기를 야외로 옮겨가는 역할을 하지 않았는가. 그래서 결국은 ≪대구현대미술제≫가 중단이 된 후에 그 후배들이 바깥예술이라는 명칭을 가지고 자연 속에서 하는 그런 전통도 생겼다. ≪대구현대미술제≫가 전체적으로 한국 현대미술의 활기를 만드는 역할을 하지 않았는가 하는 그런 생각이 듭니다. 그 지점은 우리의 한국현대미술에 있어 상당히 중요한 요소였다고 생각합니다.

70년대, 당시에는 문화라는 것이 별로 없었었어요. 그래서 새로운 일들이 벌어지면 중고등학교 학생들이 그 어려운 세미나 하나도 알아듣지도 못해도 들으려고 하는 목마름이 있었다는 거죠. 내가 75년도에 이벤트를 시작했는데, 75년부터는 ≪대구현대미술제≫에서 집단적으로 이벤트들이 벌어졌어요. 그러니까 제2회 때는 계명대학교에서 이루어졌는데, 그땐 나 혼자니까 나를 위한 무슨 장인 것처럼 나타났는데, 그 다음 77년부터는 다른 사람 끝나는 순서를 기다릴 정도로 많았어요. 여기저기서 이벤트가 벌어지고, 그 이벤트가 벌어졌다는 것 자체가 그냥 새로운 것이 아니라 사고를 통해서 내가 왜 이 행위를 하는가 하는 그런 측면, 그런 사고의 어떤 프로세스가 작가들 안에 깊게 일어났다는 거죠.

현장에서 이루어지는 이벤트는 열려져 있는 자연과 작가의 사고 그리고 적절한 형식이 구조적으로 만나서 현장에 있는 사람들과 더불어 공감하는 것입니다. 이벤트나 퍼포

먼스는 그 현장, 그 장소에서 소통되지 않는다면 절실하게 소통될 수 없는 그런 예술입니다.

   * 2013년 10월 17일, 이건용 작가의 군산 작업실 인터뷰내용 중 일부 발췌

장석원

 저는 대학원을 막 졸업하고 77년도에 서울화랑에서 '혼인의 이벤트'라는 것을 했어요. 당시 이건용 선생이 주례를 했습니다. 그 때 언론의 조명을 받게 되고 행위미술가로 부각되면서 ≪대구현대미술제≫나 ≪광주현대미술제≫에 참가를 하게 됐었죠.

 제가 생각하는 과거의 70년대는 일종의 교과서 같은 것이라고 생각합니다. 하나의 견본이죠. 견본이라는 것은 보고나서 한국의 현대미술 형성에 이런 중요한 문제를 제기했었구나 라고 인식한 다음에는 버릴 수 있어야 돼요. 왜냐하면 교과서라는 것은 우리가 몇 걸음 더 나아가기 위한 발판으로 작용을 해야 되는 겁니다. 새로운 세대들이 이것을 따르고 쫓는 목표지점이 아니라, 이미 지나간 교과서는 버릴 수 있어야 합니다. 그래야 새롭게 나아갈 수 있기 때문입니다. 문제는 언제 버릴 수가 있느냐 하는 것인데, 그것은 보다 중요한 카드가 있을 때 버릴 수 있습니다. 우리가 그것을 버리기 위해서 우리 것을 더 잘 알아야 되고 국제적인 예술의 흐름이 무엇인지, 세계 미술이 무엇인지를 더 알아야 된다는 얘기죠. 제대로 나를 알고 세계를 알면 그냥 버리는 것이 아니라 크게 버릴 수 있다는 것입니다. 버릴 수 있어야지 제대로 창의력을 발휘할 수 있을 것입니다. 그러한 방향으로 공부도 하고 서로 토론도 하고 현재와 미래의 이슈에 대해서 문제제기도 하는 이런 일들이 이루어져야 될 것입니다. 이 전시도 그런 형태에 대한 이슈, 어떤 덜미, 꼬투리를 내놓으면 좋을 것 같아요. 그래서 그것을 빌미로 현재와 미래의 어떤 지침이랄까. 이런 것들을 인지할 수 있는 그런 방향으로 가기를 바랍니다.

   * 2013년 11월 30일, 장석원 교수의 전남대 연구실 인터뷰내용 중 일부 발췌

이중희

1970년대 초까지는 국전이라는 큰 흐름 이외에 재야의 수많은 작가들이 출몰했다 사라지는 그런 시대였습니다. 그런 단체가 생겨나고 소멸하고 하다가 70년대 들어와서 ≪대구현대미술제≫가 일어나고 전국적으로 현대미술을 확산시키게 됩니다. 그 다음부터 우리다운 미술을 찾고자하는 의식이 생겨나기 시작했습니다. 나다운 그림 우리다운 그림을 찾아보자는 의식이 있었기 때문에 가능했다고 봐요. 당시 단색화가 하나의 통일을 이룬 이유가 거기에 있다고 봅니다. 단색화가 우리나라에서만 보여졌던 것이 아니라, 일본에 가서 전시되잖아요.

일본의 평론가들이 "이건 색으로서의 흰색이 아니고, 한국인의 생활이자 감정이다. 그리고 한국인의 정신이다."라고 일본인들이 먼저 지적해줘요. 그래서 우리 작가들이 다시 자기 그림을 보니까, 아 맞아 이게 내 피와 살이라는 것을 인식했던 것입니다. 그래서 자각을 하게 된 거예요. 그래서 집단 양식화 되어 국제적인 흐름을 만든 것이라고 봅니다.

과거의 6, 70년대처럼 소소한 군소 단체나 군소 이념 보다는 집단화가 하나의 큰 흐름으로 나아갈 것으로 봅니다. 이념의 탐색기에는 조그만 단체들이 생성 소멸하고 반복되었지만, 지금은 하나의 조류가 일어나 있는 흐름 속에서 그것을 어떻게 시각화 하고 조형화 하느냐 라고 하는 방법적인 문제가 더 고민거리지 이념이 아니라고 봅니다. 그러자면 많은 조형적인 고민을 해야 합니다. 작가들의 자세에서 좀 아쉬운 것은 앞으로는 테크닉의 시대가 아닙니다. 기술이라는 것은 산업이 다 하고 있기 때문에 정신적인 가치가 필요합니다. 그런데 정신이 빈곤해 있어요. 지금은 손재주만 믿고 그리는 손재주의 시대가 아니고 정신적인 면이 중요한 시대입니다.

* 2013년 10월 22일, 이중희 교수의 계명대학교 연구실 인터뷰내용 중 일부 발췌

김태수

나는 74~5년도 계대에서 하는 ≪대구현대미술제≫에 갔었어요. 그리고 강정에서 할

때는 그 곳서 매운탕이나 닭백숙을 먹었던 기억이 있습니다. 그때만 해도 현대미술은 생소한 분야라 나는 별로 깊이 있게 내용을 검토 못했어요. 당시에만 해도 현대미술은 일반인들이 전혀 관심을 안 가졌어요. 나같이 미술에 관심 있는 사람도 내용을 잘 모르는데, 일반인들은 현대미술에 무슨 눈이 뜨입니까? 그러니 당시 현대미술이 대구서 활성화되기는 했지만, 일반인들은 전혀 관심이 없었어요. 내가 하는 화랑의 동양화나 서양화 그림도 전시장에 들어와서 어떻게 봐야하는지도 잘 몰랐습니다. 당시 일반인들에게 현대미술은 거의 인식되지 않았지요. 1970년대 대구현대미술은 이강소, 박현기, 김영진씨가 ≪대구현대미술제≫의 주축멤버였을 겁니다. 그 중에서 내가 특별한 기억을 가지고 있는 사람이 박현기입니다. 박현기 선생은 항상 엉뚱한 생각을 했어요. 비디오아트를 하면서 어떻게 보면 행위예술이라고 할 수도 있는 이상한 것을 많이 했습니다. 커다란 돌을 트럭에 싣고 대구 시내 투어를 했어요. 그 때 사람들의 표정이 아직도 생생해요. 그렇게 해서 현장사진과 화랑 벽을 허물어서 큰 돌을 화랑에 넣고 81년도에 맥향에서 전시를 했었습니다. 그 때, 그냥 새로운 뭐랄까, 이벤트로 보자, 나도 미술로는 모르겠다. 새로운 것을 찾는 게 작가들이니까 우리는 항상 똑같은 풍경보고 정물보고 그림만 그리는데, 이런 게 있다는 걸 사회에 알려야 되겠다 싶어서 나도 동참했죠.

* 2013년 10월 26일, 김태수 대표의 맥향화랑 인터뷰내용 중 일부 발췌

이번 전시를 위해 1970년대에 대한 생생한 증언을 채록하면서 기록의 중요성을 다시 한 번 느꼈다. 창작이거나 이론을 위한 미술공부를 하면서 서양의 작가론 혹은 작품론은 쉽게 접할 수 있다. 그러나 한국, 대구의 작가론이나 작품론이 국제적인 감각으로 통할 수 있는 연구는 부족하다. 세계 여러 나라의 언어로 대구작가의 전시와 작품들이 번역되어 외국 출판사를 통해 그 나라의 시민들에게 읽혀진다면, 한국인의 미의식이 세계와 소통할 수 있는 다양한 길이 열릴 것이다. 지역미술의 세계화를 위해 실천해야 할 중요한 일이다.

4) 과제와 전망

이번 ≪대구현대미술제 2013 : 1970년대, 그 기억의 재생과 해석≫전을 준비하면서 느낀 점은 큐레이터의 역할과 태도의 중요성, 현장비평과 실천비평이 왜 중요한지 더 깊이 생각하는 시간이었다. 무엇보다 버려야할 것과 굳건하게 지켜가야할 것 사이에서 생기는 경계를 명확히 인식하고 실천하는 일이 필요하다는 것을 실감했다. 껍질을 벗고 또 벗겨야 새로울 수 있고 그래야 새로운 시각으로 세상을 볼 수 있다. 앞으로의 과제는 대구현대미술제가 과거의 영광이 아니라, 현재 대구미술 나아가 한국미술을 대표할 수 있는 구심점이 되기 위해서는 창작과 감상을 위한 콘텐츠 개발이 필요하다.

> 미술의 변화는 천재적인 개인에 의해서도 가능하겠지만 중요한 것은 서로간의 공통된 의식이 통하면서 협력이 필요한 것입니다. 작가는 두 사람이 모여도 의견이 다른데 여러 사람이 모이면 거기에서 한 가지 의견으로 추출하기란 대단히 힘든 것입니다. 거기에는 합당한 의견과 설득력 있는 내용 그리고 서로가 존중할 수 있는 토론들이 필요한 것입니다. 대구현대미술제는 전국적인 단위의 미술운동이지만, 아주 소박한 심정으로 작가들이 힘을 모아서 이루어진 것이라고 생각합니다.   이강소, 인터뷰 내용 중 발췌

이 말속에 대구현대미술의 발전적 전망이 들어 있음을 본다. 그것은 '합당한 의견과 설득력 있는 내용'으로 서로 '존중할 수 있는 토론'의 장을 만들어 성숙한 삶, 그 어떤 억압 속에서도 자신의 존재감 안에서 가치를 발견하고 묵묵히 창작에 임하는 작가를 발굴해서 지원하는 것에 대구미술의 미래가 있다. 70년대 대구현대미술제가 한명의 천재가 아니라, 동시대 젊은 작가의 소박한 마음들이 모여서 가능할 수 있었던 것처럼, 현재와 미래를 위해 대구현대미술제가 가야할 길은 성숙한 태도로 잘못하면 앞에서 꾸짖고 잘하는 일은 뒤에서 칭찬하면서 '마땅한 일'을 실천해 가는 것이다.

5) 나오기

지금의 대구, 나아가 한국은 현대미술의 근거를 찾기 위한 1960~70년대의 연구가 다양하게 이루어지고 있는 시점이다. 이러한 상황에서 대구미술인은 지역미술이 갖는 의미가 무엇인지, 구체적인 자료를 통해 문화사적 의미에서나 정신사적 시각에서 특정한 장소와 시간 속에서 공유할 수 있는 미적가치를 발굴하는 지속적인 연구와 실천의 필요성을 진지하게 인식할 필요가 있다. 이것은 21세기 유목적인 삶과 상상의 시대에 보다 요구되어지는 가치들이다.

또한, 대구현대미술제는 과거를 넘어 창의적인 미래를 열어갈 수 있는 근거가 되어야 한다. 우선, 사회 문화적 환경을 위해 중요한 부분을 차지하는 미술학교나 미술관 그리고 후원을 위한 재단 등 공적인 시스템은 창작과 감상을 유기적으로 순환하는 구조, 즉 안목이 자라는 환경적 조건을 만들어 가야한다. 이러한 구조가 가능할 때, 파리도 뉴욕도 아니고 바로 대구에서 세계적인 아티스트를 꿈꿀 수 있다.

70년대, 대구에서 전국적인 미술제가 이루어졌다. 2014년, 이제 대구에서 세계적인 미술제를 만들어야 한다. 그것이야 말로 1970년대 대구현대미술제의 의미에 답하는 것이다.

2. 강정 대구현대미술제[20]

1) 강변 랩소디[21]

2012년 10월 초, 대구 현대미술의 부흥을 알리는 바람이 강정에서 분다. 1970년대 대구현대미술제를 기억하는가? 한국현대미술의 흐름에서 대구미술이 전국적으로 미술인과 언론의 스포트라이트를 받았던 행사 바로 1974~1979년에 걸쳐 다섯 차례 열렸던 대구현대미술제이다. 이강소, 최병소, 박현기 등 대구지역출신 일군의 젊은 작가들에 의해 발기되었던 대구현대미술제에 전국에서 많은 작가들이 참여했다. 이것을 벤치마킹하여 서울 강원, 부산, 광주, 전북, 강원 등에서 현대미술제가 만들어 지면서 전국적인 공감대가 형성되었다. 한국미술계에 대대적인 호응과 반향을 일으킨 대구현대미술제는 '아방가르드', 요컨대 미술의 최전방에 선 전사들의 투쟁으로 상업주의에 오염된 미술과 서슬이 시퍼런 유신체제에 맞서는 예술적 항변이었다.

낙동강변 강정은 대구현대미술제에서 획기적인 이벤트가 일어났던 기념비적인 장소이다. 우리나라 최초로 하루(1977.5.1)동안 200명에 가까운 작가들이 참여한 집단 이벤트가 펼쳐졌다. 서구에서 1960년대부터 시작된 '해프닝', '이벤트'가 강정변에서 집대성되었다고 볼 수 있다.

2012 강정 대구현대미술제는 과거 현대미술제가 우리나라 미술계에 남긴 중요한 가치를 지금의 시점에서 되살리려는 의도에서 출발한다. 1970년대에 권위적이고 아카데믹한 국전, 타성에 젖은 미술계에 던졌던 충격요법이 오늘날 더 절실해 졌다. 미술계의 중앙집권적인 양상은 더욱 첨예해져 지방미술계는 거의 고사할 지경이었다. 1970년대 대구를

---

[20] 2012년을 시작으로 매해 진행했던 강정 대구현대미술제 전시와 전시도록 글을 중심으로 수록.
[21] 2012 강정 대구현대미술제 전시주제, 전시감독 박소영, 2012년.

2012 강정 대구현대미술제 '강변 랩소디' 전시전경

거점으로 순수한 열정으로 뭉친 패기 넘치는 작가들의 자발적인 행동강령 다시 시작되어야 할 시간이 왔다.

    현장답사를 한 참여 작가들은 과거 유유히 흐르던 낙동강변을 따라 끝없이 늘어선 포플러 나무, 고운 모래사장이 더 이상 존재하지 않음에 가슴 아파하고 있다. 4대강 공사의 결과로 강정보 주변은 획일적으로 정돈된 환경이 되었다. 자연이 이에 적응하기 위해서는 어느 정도의 시간이 흘러야 할 것이고, 예술가는 예술적 감성으로 극복해야 할 것이다. 2012 강정 대구현대미술제에 참여하는 작가 모두 이 점을 깊이 인식하고 이를 작품에 반영했다.

1970년대 대구현대미술제가 남긴 쟁점, 즉 도전과 실험정신을 지금의 관점에서 계승하여 대구미술에 새로운 활력을 불러일으키고 지역미술의 재도약의 발판을 마련하여 미술의 '탈수도화'계기를 마련하는 것이 2012년 강정대구현대미술제의 목적이자 앞으로 나아갈 방

향이다. 달성문화재단 주최로 열린 이번 행사는 이런 목적을 위한 신호탄이다. 태풍과 같이 예기치 못한 자연현상에 의해 작품이 설치될 예정이던 강정보 주변의 지반이 뒤집혀 개막전까지 과연 이 행사를 제대로 치를 수 있을지 관계자들은 노심초사했다. 이 모든 것을 뛰어 넘은 '강변 랩소디'는 자유로운 형식, 열정으로 울려 퍼지는 현대미술의 축제로 나아가 앞으로 지속될 21세기 대구현대미술제의 서막으로 기억될 것이다.

박소영 선생이 기획한 '강변 랩소디'는 70년대의 실험정신과 강정의 장소적 특성에

2012 강정 대구현대미술제 '강변 랩소디' 전시전경

대한 전시를 진행하고자 했던 것 같다. 4대강 살리기로 시작된 강변의 풍경이 완전히 달라진 곳이기도 하지만, 강정 디아크 광장 가운데 있는 물문화관의 공사가 마무리되는 시점에서 강변 가까운 곳에서 설치와 퍼포먼스 그리고 관객참여가 가능한 전시를 했다.

참여작가로는 70년대 대구현대미술의 주축이었던 이강소, 이건용, 이명미, 최병소 그리고 70년대의 마지막 세대로 당시 대구현대미술제를 통해 실험성을 체화했던 이교준이 참여했다. 또한 실험적인 시도를 하는 작가인 김호득, 임현락, 박종규, 홍순환 그리고 김승

영, 조덕현, 안규철의 참여로 이루어졌다.

　실내 공간에 전시된 작가의 작품은 **이명미** 〈울지말아요Don't cry〉는 토르소 형태의 마네킹이 세련된 색의 조화가 만들어 내는 컬러풀한 그림 옷을 입었다. 마네킹에 투영되는 것은 울고 있는 그 무엇이 감상으로 확장된다. **이건용** 〈The Method of Dra…〉는 작가의 신체행위, 양팔에 붓을 들고 가운데서 양쪽으로 둥글게 선을 긋듯 몇 번의 반복행위는 신체의 범위와 흔적 등이 하나의 '과정' 속에서 '회화적 장(pictorial field)'인 캔버스에 기록된 작업이다. **이교준** 〈Void-c〉는 평면회화나 입체 설치를 통해 이미지를 제거하고 기하학적 형태로 평면이 아닌 입체, 빈 공간이거나 있지만 없는 것으로 되돌린다. **최병소**의 〈무제〉는 신문에 연필을 긋는 행위의 반복으로 물리적 현상을 시각화 하는 작업이다. 야외에 설치된 작가의 작품은 **이강소**의 〈Three views(풍경 셋)〉은 철판에 세 개의 창이 나 있어, 세 가지의 풍경은 같지만 다른 풍경이 되는 것을 보여준다. **김호득** 〈Water wind〉는 강변에 형성된 물길에 설치한 흰색천이 물에 살짝 담겨 물길 따라 설치된 천도 움직이며 물과 바람과 햇살을 머금은 풍경이 된다. **안규철** 〈안부〉 'I am ok'라는 문장을 한 땀 한 땀 강변에 설치해서 과거와 현재, 저쪽과 이쪽의 경계를 연결하는 신호가 된다. **조덕현**〈Chicken

이교준, 〈Void-c〉 | 이강소, 〈Threeviews〉
안규철, 〈안부〉

강정, 과거의 미래

조덕현, 〈치킨게임〉 | 임현락, 〈붓 길, 강이 되어 흐르다〉 | 김승영, 〈길〉

game(치킨게임)〉은 거대한 구조물 안에 갇힌 닭을 통해 이강소의 유명한 닭 퍼포먼스에 대한 메타포를 설치했다. **임현락** 〈붓 길, 강이 되어 흐르다〉는 약 80미터에 달하는 천에 일획 퍼포먼스로 낙동강과 금호강을 가르는 퍼포먼스로 골법용필을 보여준다. **김승영**의 〈길〉은 강변에 붉은 벽돌로 된 오솔길을 만들어 기억에 남아 있는 이들의 이름을 벽돌에 새겨 놓았다. **홍순환**의 〈무제〉는 16개의 야전침대와 16개의 투명한 구를 설치했다. 구를 안고 야전침대에 누워 무한히 펼쳐진 하늘을 보며 개인의 자유로운 상상을 체험하게 한다. **박종규** 〈Layers dimensions〉는 둥근 모양의 아크릴이 서로를 간섭하지 않으면서 규칙을 가지고 적당한 간격으로 설치되어 마치 하나의 점이 다른 점과의 관계 속에서 하나인 여럿 혹은 여럿인 하나가 된다.

'강변 랩소디'는 4일 간의 전시 동안 과거 70년대의 정신과 2010년대의 감성을 조화롭게 해석해 놓은 전시였다. 강변의 강한 바람과 햇살 속에서 견고한 작품이 아닌 경우는 전시를 마치고 철수 할 때까지 노심초사 하게 된다. 날아가서 훼손 될 수 있는 설치뿐 아니라 강물 따라 길게 흐르는 퍼포먼스로 몇 일간 편히 잠들지 못하는 나날이었을 것이다. 강변 랩소디 이후 두 번째 전시부터는 물문화관이 완공되고 주변의 공원도 정리가 되어 전시장소를 디아크 광장The ARC으로 옮겨 사람들이 많이 다니는 공원을 중심으로 이루어졌다.

강정 대구현대미술제가 새롭게 시작되면서 70년대의 향수를 간직한 권원순 선생의 평론도 도록에 소개되었다. 전체적인 자료를 정리하는 책이기에 '문화의 불모지에 핀 예술의 꽃'이라는 제목으로 대구현대미술제와 강정 대구현대미술제와의 관계성에 대한 내용도 참고할 수 있어 싣는다.

(1) 문화의 불모지에 핀 예술 꽃[22]

달성군은 1914년 행정구역 개편에 따른 최초의 행정구역으로 이제 달성군 명칭의 100주년을 맞는다. 1995년 대구광역시에 편입된 달성의 유구한 농경문화는 산업화 시대를 맞으면서 도시화로 급진전하고 있다. 속속 들어서는 각종 산업, 농공단지와 아파트, 공공기관과 의료기관, 학원가와 자영업체가 도시의 면모를 갖추어가고 있는 것이 이를 말해준다. 그러나 이러한 급변하는 도시화 이면에 문화의 공백지대가 형성되고 있음은 우려를 표하지 않을 수 없다. 지난 10월 달성군이 주최하고 달성문화재단이 주관한 강정 대구현대미술제는 대구를 비롯한 각지의 미술가들이 참여한 전국적 규모의 미술행사로서 공백의 문화영토를 일구고 가꾸는 길을 열어놓은 역사적 사건이었다.

강정 대구현대미술제는 1974년에 현대미술제로는 전국 처음으로 개최되어 서울, 광주의 현대미술제를 유발함으로써 우리나라 현대미술사에 커다란 족적을 남겼다. 1979년

---

22 권원순, '강변 랩소디' 미술평.

5회를 마지막으로 중단되었던 것을 그 미술사적 의의를 되살리고 승계, 발전시켜 달성의 문화브랜드로 매김 하겠다는 달성문화재단의 뜻을 수용하여 달성군의 미술행사로 빛을 보았다.

참여 작가는 국내외에서 왕성한 활동을 벌이고 있는 유명 중진작가로서 고루하고 답습적인 조형형식을 타파하고 실험과 모험을 통해 새로운 시대정신을 담아내고 새로운 미술양식을 탐색하는 작품들을 펼쳐 보였다. 산과 들과 강물을 배경으로 또는 바탕으로 하여 설치하고 행위를 한 그들의 작품은 기존의 미술시각으로는 의외와 당황, 흥미와 긴장을 불러일으키기에 충분했다. 이는 미술에 대한 기존 관념을 파괴하고 문제를 제시함으로써 미술에 대한 새로운 인식과 깊은 사유를 요구하는 것이다.

예를 들면, 강변에 넓게 펼쳐 놓은 많은 침대에 관람자가 그 위에 앉거나 누움으로써 작가의 의도와 관람자의 참여가 만나 작품이 완성된다든지, 두껍고 큰 철판에 세 개의 큰 직사각형 구멍을 뚫어 강변에 세운 설치작품은 주어진 자연이 관람자가 발걸음을 옮길 때마다 커다란 직사각형의 구멍(프레임)을 통해 풍경은 동적인 파노라마로 전개된다. 이것 역시 관람자가 스스로 만들어내는 풍경이며 작가의 숨은 의도이다. 수십 미터의 흰 천을 강변에서 강물까지 펼쳐 놓고 큰 붓으로 먹물을 그어 강에 이르는 행위 작업은 작품의 형성과정을 즉시적으로 관찰할 수 있으며 자연과 예술의 합일성을 일목요원하게 보여주는 것이었다.

강정 대구현대미술제가 보여준 새로운 미술은 우리에게 미술가의 개인적인 내면뿐만 아니라 동시대인의 내면세계에서 보이지 않는 사실을 발견하도록 요구한다. 또한 동시대 사람들의 내면세계에 어떤 변화가 일어나고 있는지 일종의 지진계처럼 보여준다. 우리는 그들의 작품을 통해 인간의 내면세계에 관한 메시지를 찾아야 한다. 이 메시지야말로 작품 전체가 미술가나 그의 동시대인의 마음 상태를 어떻게 표현하고 경험하게 만들었는가 하는 내용이다.

마지막으로 70년대의 대구현대미술제의 역사적인 의미를 새롭게 시작했던 강정 대구현대미술제로 다시 깨어나게 하는 기획이기에 학술적인 뒷받침도 필요하다. 이 때 진행했던 내용 역시 매우 중요한 자료이기에 이 챕터에 싣는다.

(2) 강한 역동성을 갖던 70년대의 대구 현대미술과 그 이후[23]

시대적 상황과 의미

제가 대구현대미술제에 참여할 당시에는 우리나라의 방식으로 현대미술을 하는 작가들은 전국적으로 소수였습니다. 당시 생활하던 곳은 서울이었지만 고향은 대구라 두 지역 사이를 많이 왕래했고, 대구의 작가들과 만날 기회가 많았습니다. 우선 말해드리고 싶은 것은 대구현대미술제는 그것이 형성되고 지속되는 동안의 의미입니다. 당시 환경은 척박했고 작가들의 생활은 곤궁했습니다. 그렇지만 우리는 순수한 열정이 있었고, 쌈짓돈을 모아 미술제를 열게 되었습니다. 돌아보면 놀라운 일이 아닐 수 없고, 함께 했던 동료들에게 감사의 마음을 전합니다.

파벌주의와 비판의식의 도래

70년대 전후의 우리나라는 그룹 활동이 왕성했습니다. 그 전에는 고전적, 전통적 흐름의 미술이 주를 이루고 있었습니다. 그 당시 박서보, 김창렬 같은 작가들은 그런 기류에 반하였고, 저의 세대였던 무한대, 정찬성, 전광자, 김구림 같은 작가들이 60년대 말 모험적인 작업을 펼쳤습니다. 당시에는 서울대와 홍대 사이 파벌이 심했습니다. 그래서 국전 담당자가 홍대 출신이면 홍대 작가가 상을 타고, 서울대 출신이 담당하면 서울대가 상을

---

[23] 이강소, 「강한 역동성을 갖는 1970년대의 대구현대미술제와 그 이후」, 2012 강정 대구현대미술제 포럼 : 21세기 대구현대미술제의 향방, 발제문.

타는 식의 분위기가 형성이 되어 있었습니다. 이것은 젊은 우리들에게는 꼴불견으로 느껴졌습니다. 그런데 마침 새로운 미술이 젊은이들에게 영향을 미치며, 현 세태를 비판하는 그룹 활동들이 생겨나기 시작했습니다.

현대미술, 그 방향성에 대한 연구

그 당시에는 정보가 매우 적었습니다. 지금은 인터넷, TV 등 정보를 얻을 수 있는 곳이 많지만, 당시에는 명동의 서점에서『월간 아트 인 아메리카』, 일본의『미술수첩』같은 잡지 한두 권을 통해 겨우 정보를 얻곤 했습니다. 그렇게 얻은 정보들은 충격으로 다가왔고, 현대미술을 어떻게 현대인에 맞게 전개할 것인가 하는 문제를 작가로서의 성공을 모색하는 것보다도 중요하게 생각하며 연구에 몰두했습니다. 당시 서울대 출신과 홍대 출신들로 구성된 [AG]라는 그룹이 있었습니다. 과감한 실험미술도 하고, 우리의 작업이 단순히 외국작업을 모방한 것이 아닌가? 하는 반문을 해가며 토론하고 비판하는 등 활발한 활동을 펼쳤습니다.

≪대구현대미술제≫의 시작

70년과 71년도에 ≪AG전≫이 있었고, 74년쯤 ≪서울비엔날레≫라는 이름으로 큰 규모의 전시를 계획했지만 세력들 간의 다툼으로 실패했습니다. 당시 혈기왕성한 젊은 작가들은 큰 규모로 미술제를 해보고 싶어 했는데, 서울보다는 대구가 현실적으로 실행하기 쉬울 것이라 생각하게 되었습니다. 그 전초전으로 ≪현대미술초대전≫을 대구백화점 갤러리에서 하게 되었습니다. 그때 장성진이라는 작가가 많이 도와주셔서 전국의 작가를 모아 실험적인 작품들을 선보였습니다. 74년 초에는 ≪한국실험작가전≫이라는 이름으로 또 한 번의 전시를 했고, 74년 가을에 드디어 계명대학교 미술관을 빌려 전국의 현대미술작가들과 80년대의 민중작가가 된 친구들을 모아 전시를 하게 되었습니다. 그 당시 대구에는 이명미, 이향미 자매, 김기동 같은 사람들이 아틀리에에서 실험적인 작업을 해오고 있었기에 함께 작업을 하게 되었습니다. 그 외 황현욱 및 많은 사람들과 매달 막걸리 한

잔을 기울이며 현대미술에 대해 토론했습니다.

장르의 모색과 확장

당시에 현대미술이라는 것은 회화를 포함하여 설치, 영상, 해프닝(그때는 퍼포먼스라는 단어보다 이벤트나 해프닝이라는 용어를 사용함)들이 있었습니다. 이런 것들이 시간이 지나면 역사가 될 것이라 생각했습니다. 미술이 점차 광대하게 확장될 것이라는 생각에 이런 것들을 미술제에 함께 포함시켰습니다. 여러 분야에서 미술에 자극 주며 키워 나가자 라고 생각하고 가창 계곡에서 이벤트 전을, 강정에서 퍼포먼스를 선보였습니다. 그 무렵 돈을 조금씩 모아서 일본작가들 14명을 초대하여 강정에서 함께 퍼포먼스를 벌이곤 했습니다.

현대미술의 메카, 대구

그때는 서울이 아닌 대구가 현대미술의 메카가 되었습니다. 서울을 방문한 국제적인 인사들은 꼭 대구를 경험하고 가는 등 도시의 위상이 높아졌습니다. 하지만 작가들은 궁핍하고 힘든 생활을 이어가야 했습니다. 몇 회가 이어지면서 대구의 현대미술 상황이 안정되어 갔습니다. 시민들도 처음에는 생소하고 우스워하며 "나도 하겠다!"라고 했지만 점점 접하게 되면서 현대미술과 친숙해지게 되었습니다. 구경한 대학생들은 학교로 돌아가 행위미술을 하게 됩니다. 교수님들이 가르치지 않은 것을 학생들 스스로 하게 되면서 대학 교육의 형태를 바꿔 놓는 계기가 되기도 했습니다. 그래서 그 후 부산과 전라도로 파급되며 자생적으로 현대미술제를 탄생시켰습니다. 이를 통해 전국의 작가들은 서로 왕래를 하며 함께 작업하게 되었습니다. 그러면서 대학들도 전체적인 분위기가 현대미술로 넘어왔다고 봅니다. 저는 이것이 아주 의미 깊은 일이라 생각합니다. 33년만에 대구에서 대구현대미술제라는 명칭을 갖고 새로운 실험미술의 전개에 계기를 만들어줬다는 점에서 긍정적으로 평가를 하고 싶습니다.

과거 이곳은 모래사장, 포플러 나무, 수양버들과 같은 나무들로 자연경관이 수려했습니다. 지금은 콘크리트 구조물과 아파트 건물들이 들어섰고, 미래에는 또 어떻게 변화해 있을지 모르겠습니다. 과거의 실험미술, 영상작업들이 이미 일반 대중의 생활 속에 스며들었듯이 앞으로의 현대미술이 어떻게 변화해갈지 상상하기 힘듭니다. 새로운 아이디어와 구조로 훌륭하게 전개되어 세계인의 생활에 좋은 영향을 주기를 기대하며 말을 마치겠습니다.

이렇게 작가는 '새로움'에 대한 깊은 사유와 표현 방법에서 우리가 살고 있는 시대의 정신과 일상에 침잠해 있는 의식을 일깨운다. 그리고 일상을 살아가면서 존재의 이유와 가치를 재정립해야 하는 것이 언제 어떻게 필요한 것인지를 생각하는 계기를 주는 것이 개인에서 집단운동으로 파장을 일으킨 사건, 대구현대미술제였다. 새롭게 시작된 강정 대구현대미술제가 품고 가야할 중요한 의미이다.

2) 강정간다[24]

(1) 자연에서 삶의 공간으로

오래 전 강정 강가에서 미술인들이 모여서 당시로서는 보기 드문 전위적이랄까, 실험적인, 새로운 미술

---

[24] 2013 강정 대구현대미술제, 강정간다, 전시감독 박영택, 도록의 글과 작가들의 작품설명 인용.

2013 강정 대구현대미술제 '강정간다' 전시전경

언어를 연출했다. 기존 미술권력이나 규범화된 미술언어에 대한 불만이나 도전인 까닭에서 였다. 그래서 이들은 도시를 떠나, 기존의 한정된 전시공간을 벗어나 한적하고 여유로운,

변방에 가까운 강정 강가로 모여서 이벤트를 벌였다. 어찌 보면 '강정간다'는 그 뉘앙스 자체는 젊은, 새로운 작가들이 기존 미술계에 신선하고 청량한 바람, 새로운 공기를 불어넣고자 하는 바람과 연결되어 있다고도 해석해 볼 수 있을 것이다. 권력화 된 장소, 공간을 벗어나 변방에, 빈틈에 사건을 만드는 것이다. 그러니 이 문구는 단지 특정 시인의 시 제목만은 아닐 것이다. 그래서 '강정간다'는 수사는 이전에 대구현대미술제가 보여준 몇 가지 의미 있는 지점과도 부합하는 수사에 해당한다.

1974년 대구에 거주하는 몇몇 작가들이 중심이 되어 대구현대미술제를 만들었다. 이후 이들은 1977년 당시 한국의 실험적이고 전위적인 현대 미술가들을 총 집결해서 대구시 달성군 강정, 낙동강 유역에서 일련의 이벤트를 펼쳤다. 이 행사(이벤트)는 한국현대미술사에서 매우 의미 있는 이 역사적 사건이 되었다. 당시 그 행사에는 학연과 지연, 특정 이념과 논리, 파벌에서 탈피해 선정된 작가 200여명이 참석했다.

한국 최초의 집단적인 이벤트로 평가되는 그 행사는 당시의 주류미술언어나 중심사조에서 이탈해 새로운 미술에 대한 사고와 매체에 대한 신선한 감각, 그리고 실험의식과 전위적 정신에 충만한 작가들의 의욕적인 이벤트로 기억된다. 그로인해 한국 현대미술사의 역사가 새롭게 기술되었고 더불어 대구라는 지역이 한국현대미술사의 공간에서 매우 중요한 의미를 부여받게 되었다. 당시 이 전시는 '한국적 현대미술'에 대한 모색과 갈망에서 나온 자생적인 운동이자 기존 미술계의 관습적 구도에서 탈피해 진정한 예술적 자유를 추구함과 동시에 새로운 미술의 경향과 논리에 대한 탐색을 시도했던 역사적 행위였다고 보여 진다. 그로인해 대구의 현대미술 나아가 한국현대미술은 풍요로움과 신선한 자극 속에서 새로운 차원으로 나아갈 수 있게 되었다. 그러나 아쉽게도 그 대구현대미술제는 단명하고 역사적 자취로 사라져버렸다. 역사가 되어버린 그 행사의 의의를 새롭게 주목하고 그 정신을 계승하고자 하는 맥락에서 이 전시는 기획되었다. 당시 대구현대미술제의 의의는 다음과 같다.

첫째, 서구현대미술을 어떻게 수용하고 이를 내재화해서 한국적인 현대미술을 어떻게 만들어내느냐라는 과제, 당시의 그 질문과 모색은 여전히 한국 현대미술에서 핵심적인 과제임을 부인하기 어렵다. 사실 한국의 현대미술이란 서구미술의 담론을 어떻게 토착화하거나 자신의 논리로 재설정하느냐의 문제였다고 본다. 현대미술이란 결국 담론의 문제이기 때문이다. 당시 작가들은 서구에서 밀려오는 다양한 현대미술, 전위미술을 수용하고 이해해야 하는 한편 그것을 어떻게 자기 언어로 만들어낼 것인가를 집단적으로 고민, 학습했다. 그리고 그 결과물을 서로 비춰보고자 했다, 그 결과가 대구현대미술제와 같은 집단적인 운동, 이벤트였다고 본다. 당시 이들이 처한 문제의식은 지금도 별반 다르지는 않다. 따라서 그 의미를 새삼 반추해보고 논의를 지속할 필요가 충분히 있다.

둘째, 당시 대구현대미술제는 학연과 지연을 타파하는 한편 실험적이고 새로운 언어를 지닌 작가들에게 작품발표의 장을 마련해주었고 이를 통해 스스로 자신만의 형식 언어를 만들도록 해주었다. 이는 작가들 스스로 전시의 장, 담론의 장, 학습의 장을 만들어나간 흥미로운 사례였다. 그러니 당시 작가들은 작품을 생산하는 작가임과 동시에 서구미술을 소개하는 이론가, 전시를 스스로 만들어 나가는 전시기획자의 역할을 동시에 짊어져나갔다. 이 복합적인 작가관은 사실 이전과는 다른 현대 미술가들의 존재 의미가 되었다. 그러한 달라진 작가상이 대구현대미술제로부터 비롯되었다고 본다.

'강정간다'의 전시의 주제는 이전의 대구현대미술제가 보여준 정신의 계승이란 측면이고 그것을 동시대작가들의 작들의 작업을 통해서 살펴보자는 것이다. 물론 이 의도는 사실 모호하다. 당시 대구현대미술제는 단일한 성격의 것이 아니며 짧은 시간동안 일어났다 사라진 것이기에 그렇다. 그래도 한국 현대미술사에서 분명 의미 있던 당시의 역사적 사건을 추억, 기억하고 그 정신이랄까 의미를 그 자리에서 되돌아보자는 것이 이번 전시의 의도다. 아울러 당시 대구현대미술제가 현장미술, 이른바 바깥미술의 성격이 강하다는 사실에 주목했다. 그것은 미술이 자연으로, 삶의 공간으로, 실세계로 들어가고 대중과 소통하겠다는 의미가 포함되어 있었던 일이다.

또한 현장에서 가능한 미술, 미술관이란 제도에 들어가기 어려운 작업을 하겠다는 의도이고 이는 기존 미술계제도와 소통의 통로를 전환시켜보고자 하는 의미로도 읽히는 부분이 있다. 그래서 이번 전시, 행사는 철저히 디아크 주변의 공간, 바깥이고 야외이며 시민들의 산책로이자 바람을 쐬러 오는 공간에 직접 개입해서 연출되는 것을 목표로 하였고 그래서 그에 적합하다고 여겨지는 작가 일부를 선정했다. 주어진 공간이 너무 광활하고 한정된 예산안에서 작가를 선정해야 하는 어려움에 의해 26명의 작가를 선정했고 이들의 작업을 디아크 공간 주변 적절한 장소에 배치해서 관람객들이 한가히 거닐다가 문득 작품을 발견하고 만나는 흥미로운 체험을 주고 싶었다. 그러니까 현장에 놓이고 연출하는데 상당히 효과적인 작업을 가능한 선정했다는 뜻이다. 그러니 디아크 주변을 여러 작가들의 다양한, 다채로운 작업들이 놓이고 스며들면서 어떠한 환경적 변화를 일으키고 그곳에 오는 사람들에게 감각적인 관여를 가능하게 해주느냐를 한번 잘 살펴보자는 의미도 있다. 그러나 그것이 얼마만큼 효과적이었느냐는 생각해볼 문제다.

　이번 '강정간다' 전시는 앞서 언급한 이전 1970년대 중후반의 대구현대미술제의 정신을 계승하는 한편 한국적인 현대미술의 언어를 지니고 있다고 여겨지는 작가들의 작업을 선별해 본 전시다. 작가선정은 특정 학연, 지연에서 벗어나 인선을 했다. 가능한 전국의 작가들을 망라했다. 당시 대구현대미술제를 이끌었던 주축작가 몇 명을 초대하는 한편 아울러 그들이 추구했던 정신에 부합되는 한편 이곳 강정보일대의 공간에 적합하게 개입되고 활용되어질 수 있다고 여겨지는 작가·작업을 선별해 함께 전시를 하고자 했다. 이들 작가들 역시 1977년 당시 대구현대미술제가 추구했던 것과 마찬가지로 학연과 지연을 초월하고 다양한 매체와 실험적인 시도를 하고 있다고 인정받는 작가들로 선정했다.

　향후 이 강정 대구현대미술제가 강정보 일대에서, 1970년대 이곳에서 있었던 사건의 진정한 의미를 끝없이 반추하고 상기하면서 그 진정성을 매년 새롭게 해석하며 거듭 환생하기를 기대해본다.

2013년 강정 대구현대미술제 '강정간다'전 부터는 참여 인원도 많아지고 전시기간도 길어졌다. 그리고 이번에 참여한 작가는 젊은 작가들이 다수 참여했다. 다양한 재료를 활용한 설치와 입체조각 그리고 단채널 비디오도 전시가 되었다. 참여 작가는 26명이었다.

(2) 참여 작가와 작품

강용면, 〈온고지신〉

투명한 색색의 플라스틱을 열로 구부리고 휘어서 12가지 동물 - 쥐의 형성을 커다랗게 재현하는 한 편, 그 내부를 LED 조명으로 환하게 밝혀주는 작업이다. 친근한 우리 문화의 동물상과 가볍고 투명한 조각적 재료, 그리고 빛이 어우러져서 만들어내는 색채와 그 파장이 주변공간을 물들이는 작업이다.

구현모, 〈Weinglas〉

나무로 만든 가건물 안에 유리에 비치는 물을 영상으로 보여주는 작업이다. 강정보, 디아크라는 공간과 맞물리는 소재인 물을 활용하여 신비롭고 매혹적인 물 이미지를 연출하고 있다.

김상균, 〈길2013_07〉

건축의 일부, 예를 들어 벽이나 계단, 문 등을 분리하여 다른 공간에 가설하는 그의 작업은 건축물의 일부분이 추출되어 외부공간에 자립하는 상황을 연출하면서 건축에 대한 색다른 시선을 보여준다.

김순임, 〈어디서 굴러먹던 돌멩이〉

길 위의 돌멩이로 여러 곳에서 주워온 돌멩이들이 간직하고 있는 무수한 시간, 사연, 몸에 대한 흔적을 디아크 3층 인공연못 안에 설치하는 작업이다.

김안나, 〈한여름밤의 꿈 – 디지털 환타지〉

강정보의 관람객들에게 그 공간에 없는 다른 이미지를 스마트폰을 통해 보여준다. 그것을 체험하는 것은 관람객들의 적극적인 참여 여부에 달려있다.

김순임, 〈어디서 굴러먹던 돌멩이〉

김정희, 〈Cube 2013〉

스폰지나 비닐 등 다양한 재료를 이용하여 일정 공간의 부피를 시각화 한다. 본 전시에 출품하는 〈육면체들〉은 철과 스폰지처럼, 서로 다른 재료를 이용하여 형태와 그 형태가 가지고 있는 부피에 대한 질문을 던지는 작업이다.

김주연, 〈산책〉

야외에 설치된 가상의 이정표는 허공을 향해 무엇인가를 지시한다. 화살표와 문자가 지시하는 실제 장소는 부재하지만, 그로인해 우리들 각자 꿈꾸고 설정하고 있는 공간을 상상하게 해주는 작업이다.

나점수, 〈~의 방향으로〉

직립한 거대한 인간상은 망원경으로 어딘가를 바라보고 주시한다. 이 인물상으로 인해 텅 빈 공간은 시선과 욕망의 장소로써 순간 주목된다.

류재하, 〈대지로부터〉

디아크 주변에 빔프로젝트로 영상을 투사하는 작업으로 영상 이미지가 신비스럽고 몽환적인 낯선 공간을 중첩시키며 장소성을 기이하게 변화하게 만든다.

박문종, 〈물 – 달리기〉

일상에서 사용되는 다양한 종류의 용기를 집적하고 이를 이어 붙여 조각으로 치환하는 작업이다. 일상의 오브제가 작품으로 환생하는 낯선 체험을 안겨주는 한편, 가벼운 색색의 재료들이 모여 예측할 수 없는 형태로 나가는 장면을 선보인다.

박용남, 〈고향 – 북어〉

익숙한 사물을 확대해서 브론즈로 만든 이 작업은 질감, 재료와 크기의 변화가 기존에 사물에 대해 지니고 있는 관념을 어떻게 바꿀 수 있는 지를 보여준다.

박정애, 〈들판의 幻〉

코뿔소의 형상을 납작한 철판과 입체적인 머리 부분을 연결해서 만든 이 조각은 회화적이면서도 조각적이기도 하다. 코뿔소는 들판에서 싸우는 힘과 기개 그리고 고독한 존재를 부각시킨다.

박정애, 〈들판의 幻〉

박정현, 〈Disturbing〉

공사현장의 안전선에서부터 줄서기를 유도하는 차단봉의 벨트, 사건 현장의 접근금지 테이프까지, 줄은 사람들을 통제하고 제한한다. 줄을 통해 안과 밖의 의미를 전복시킨다.

배종헌, 〈A Safari〉

현대인의 일상에서 동물은 이미지나 도상으로 더 가깝다. 강정에 방생된 기업이나 명품의 동물로고는 자본주의의 욕망과 현대인의 야만성을 보여준다.

백장미, 〈RE : BORN〉

현대의 도시는 파괴와 생성의 무수한 반복이다. 사라지는 것도 만들어지는 것도 더 이상 특별하지 않다. 빨대를 연결한 3미터가 넘는 구조물은 거대하지만 불안하게 서있는 도시의 풍경과 닮아 있다.

이기칠, 〈거주 1, 거주 2〉

금속의 재료를 가장 단순한 원통형으로 만든 후 그 내부를 절개하거나 관통시켜 외부와의 소통, 교류가 가능하도록 만든 개방적인 조각이다. 물질의 단호함이나 폐쇄성을 대신해 공기의 흐름과 시선의 넘나듦이 가능하도록 했다.

이명미, 〈Please sit down〉

거대한 의자가 강정에 세워졌다. 앉고 쉴 수 있어야 하는 의자는 '앉으세요'라고 권유

이기칠, 〈거주〉

이명미, 〈Please sit down〉

하지만 그것은 불가능하다. 앉기를 권유하지만 불가능한 의자, 이것은 블랙코미디에 가깝다.

이영섭, 〈의자-별〉

등받이가 긴 의자를 관람객에게 선사하는 작업이다. 지치고 피곤한 몸이 기댈 수 있는 장소를 제공하면서 미술이 삶과 공간에 개입하는 시도하며 조각과 사물의 관계를 비틀고 있다.

이태희, 〈배송된 하늘〉

컨테이너 박스 안에 하늘이란 공간을 담아내면서 누군가에게 배송해주는 것과 같은 연출이다. 영상과 사운드로 제시되는 하늘은 포장이 되어 관람객에게 제공되는 하늘이고, 이 하늘은 다분히 의인화된 위트를 담고 있다.

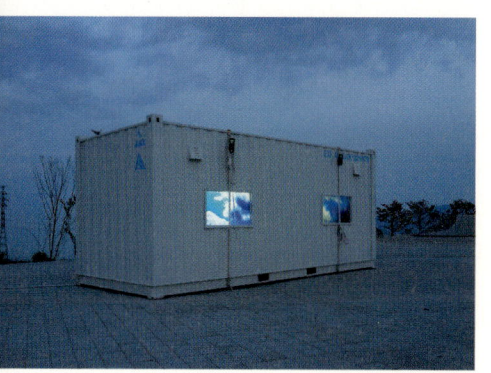

이태희, 〈배송된 하늘〉

정기엽, 〈Running Water〉

물은 흙이나 바람만큼 자연적이고 필수적인 요소다. 언제부턴가 우리는 물을 사먹기 시작했다. 자연이 자본주의 상품이 된 대표적인 예가 아닐까 한다. 자연이 자본과 정치적인 목적으로 개조되고 통제되는 현대의 상황에서 대기업의 생수통은 낙동강을 향해 흘러가고 있다.

정은주, 〈Castle of Tetris〉

원, 사각형, 삼각형은 쉽게 모양을 떠올릴 수 있다. 그러나 하나의 사각형이 쌓이면 전혀 다른 모양을 만들어 낸다. 단순한 형태의 도형을 조립하고 쌓는 작업을 통해 예상치 못한 모양을 만들어 낸다.

진시우, 〈녹색사색〉

잔디밭에 인조잔디로 〈눈이 머무는 곳에〉라는 문구가 쓰여 있다. 잔디 위에 위치한 문자잔디는 보는 이들에게 명상을 자극하고 있다. 잔디가 하는 말을 연출했다.

채우승, 〈지평선-흐르자〉

흰색 페인트로 칠해진 금속, 선은 기본도형의 윤곽을 지시하며 용접되어 있고 그 내부는 뚫려있어 건너편 강 둔덕을 바라보게 해준다. 관람객들이 그 도형 안으로 시선을 주어 저쪽 풍경을 응시하게 해주는 장소성을 제공한다.

최기석, 〈Untitled〉

철을 용접해 구체로 만들어 디아크의 실내 인공연못의 내부를 채우고 있다. 차가운 금속성의 구는 물방울을 연상시켜주고 그것이 마치 물에 잠겨 사라지는 듯한 순간을 연출하고 있다.

최병소, 〈Untitled〉

구부러진 옷걸이가 바닥에 깔려 있다. 서로를 지지하며 버티고 있는 것이다. 강정의 바람과 비에 얼마나 견딜 수 있을까, 그 모습은 연약하고 불안하다.

허구영, 〈떠다니는 오브제〉

투명 비닐봉지에 디아크 강변 주위에서 발견된 오브제, 나의 학위 논문을 태우고 남은 재를 물가에 부표처럼 띄우는 이 가변적 조각은 바람과 물에 의해 부유하며 흔들린다.

'강정간다'는 장정일의 시에서 차용한 것이다. 박영택 전시감독은 당시의 역사적 사건을 추억하고, 그 의미를 되돌아보자는 것이 이번 전시의 의도라고 밝혔다. 26명의 야외설치 방식으로 자유롭게 자신의 방법적 비전을 제시하는 전시였다.

3) 강정에서 물·빛[25]

강정 대구현대미술제 전시감독을 맡아서 70년대의 자료를 찾아보고 인터뷰도 하면서 이 프로젝트가 다만 과거의 역사성을 일깨우는 데 그치는 것이 아니라, 한국현대미술이 변모의 과정 속에서 정치적으로나 문화사회적으로 하나의 중요한 변화의 시점에 대한 작가적 태도와 미의식을 통해 현재라는 시간 속에서 녹여 미래의 미술을 제시하는 장이 되는 것이 필요하다는 생각이 들었다. 그래서 '왜 강정인가?'에 대한 물음을 통해 전시로 연결해 갔던 내용을 소개해 본다.

(1) 왜, 강정인가?

강정은 1970년대 전국에서 모인 작가들이 낙동강 백사장에서 이벤트Event를 벌였던 곳이다. 정치 문화적 격동기에 일군一郡의 작가들이 강정에서 자연을 벗 삼아 집단적인 미술운동을 벌였던 이유는 무엇이었을까? 전시가 통제되는 억압적인 분위기에 대한 해방감을 얻기 위한 것이었을까? 아니면 창작 욕구를 발산하기 위한 그들만의 저항방식이었을까? 당시의 미술가들이 강정으로 간 까닭이 무엇이었건 간에 일상까지 통제되던 시대에 미술가들의 자유로운 발상과 표현행위는 움츠러들 수밖에 없었을 것이다.

그렇다면 당시 가난을 벗어나고자 새마을운동과 경제개발에 매진하던 분위기 속에서 한국미술이라고 말할 수 있는 특징은 무엇이었을까? "1970년대의 특징은 관념화와

---

25 2014 강정 대구현대미술제 '강정에서 물·빛', 전시감독 김옥렬.

2014 강정 대구현대미술제 '강정에서 물·빛' 전시전경

획일화 현상 그리고 화단세력에 따른 이합집산, 초반의 물질적 사고와 후반의 과도한 관념론"[26]을 들고 있다. 또한 당시 한국적인 정체성을 고민하는 작가들의 움직임이 힘을 얻는 시기이기도 했다. 이러한 시기에 서구미술이 한국적 수용과정에서 굴절되었던 것에 대한 반성적 결과로 물질적 모노크롬Monochrome을 비非물질화 하는 것도 70년대의 현상이었다.

"1970년대 우리의 모더니즘 미술 또한 사실상 어느 정도 과거의 유산을 되풀이 하는 서구미술의 일본을 통한 재수입, 그 과정의 반복이 서구철학과 일본사상과의 결합에 한국적 정체성이라는 제3의 옷을 입힌 산물일 수도 있겠는데, 이를 서구철학에 대한 대안으로서의 동양사상에 근거한 우리만의 독특한 것인 양 아예 타자의 흔적을 지워 버리고 단일 주체의 확립만을 주장할 수는 없는 여러 어려운 상황 속에 놓여있음"[27]을 피력한다.

이렇듯, 70년대 초반과 중반의 한국미술은 소그룹 활동과 모노크롬이 주도한 시기였다. 이러한 시기에 대구현대미술제는 74년과 75년에 실내 공간에서 전시를 하다가 77년에는 도시를 벗어나 강물이 흐르고 뜨거운 햇살이 비치는 오월의 첫째 날에 낙동강 강정 백사장으로 향했다. 그리고 여름의 끝자락을 달성 냉천천변 돌밭에서 행위미술이나 설치를 통한 이벤트를 했고, 79년에는 한국과 일본작가들이 각자의 방식으로 낙동강 백사장에서 7월 한여름을 이벤트로 달구었다.

당시 대구현대미술제를 주도했던 작가 몇 분의 기억을 되새겨 왜 강정에서 이벤트를 시작했는지 간헐적이나마 갈증을 해소하고 나서 지금의 강정과의 연결고리를 찾아보는 것이 '강정 대구현대미술제의 귀환'에 당위성을 부여할 수 있을 것이다.

"70년대 중반에 미대를 갓 나온 작가들이 대구에 모여들면서 '새로운 것 좀 만들어보

---

26 「한국현대미술의 상황과 그 전망」, 좌담, 『공간』, 1981.6, 26~29쪽.
27 김수현, 「모노크롬회화의 공간과 정신성」, 『한국현대미술』, 학연문화사, 48쪽.

자'고 해서 미술의 고정관념을 깨기 시작했다."(최병소), "70년대의 실험성은 국전에 대한 반反국전처럼, 시대적 변화에 따른 젊은 작가들의 태도, 당시 화단에 대한 반발이자 시대적 변화에 따른 충돌 같은 것이었다."(이명미), "대구현대미술제 이후 전국적으로 현대미술제가 이루어졌다. 그것은 한국현대미술이 일반인들의 이해뿐아니라, 한국현대미술의 교육현장을 현대화 하는데도 상당한 역할을 했다. 동아시아 각국을 비교해 볼 때, 일본이 서구미술의 영향을 받고 먼저 수용했더라도 한국은 근대미술의 흐름에서 급격하게 현대미술로 변할 수 있는 바탕이 되었다."(이강소), "대구현대미술제는 강정에서 자연을 배경으로 개방적인 방식으로 예술행위를 보여 주려했고, 그것을 통해서 예술의 폭을 넓히려 했던 시도였다. 현장에서 이루어지는 이벤트는 열려져 있는 자연과 작가의 사고 그리고 적절한 형식이 구조적으로 만나서 현장에 있는 사람들과 공감하는 것이다."(이건용), "70년대는 일종의 교과서 같은 것이라고 생각한다. 교과서는 몇 걸음 더 나아가기 위한 발판이다. 그것은 따르고 쫓는 목표지점이 아니라, 새롭게 나아가기 위해 버려야 하는 것이다. 우리가 그것을 버리기 위해서는 제대로 나를 알고 세계를 알면 그냥 버리는 것이 아니라 크게 버리는 것이고, 버릴 수 있어야 창의력을 발휘할 수 있다."(장석원)[28]

40여년이 지난 지금은 도시의 확장으로 인해 산천이 변했지만, 강정에서 이루어졌던 젊은 작가들의 예술정신을 이어가고자 강정 대구현대미술제를 시작한지 올해로 세 번째가 되었다. 2012년 주제가 '강변 랩소디'였고, 이어 2013년에는 '강정간다'를 주제로 진행되었다. 그리고 2014년은 '강정에서 물·빛'이라는 주제로 8월 23일부터 9월 21까지 30일 동안 전시가 이루어졌다. 전시의 주제에서도 알 수 있듯이 3회까지 진행되는 동안 강정이라는 '장소'를 강조하는 전시였다. 그렇다면, '장소'가 의미하는 것은 무엇인가? 그것은

---

[28] 2013년 10~11월, 작가스튜디오 방문 인터뷰 내용 중 일부.

사전적 의미로 '어떤 일이 이루어지거나 일어나는 곳'이 된다. 하이데거Martin Heidegger의 관점에서의 장소는 '모든 것을 모으면서 보내는 근원 내지는 원천'이라는 의미를 갖는다고 한다.

이처럼 '장소'는 어떤 구체적인 시간과 공간이 일치하는 지점에서 어떤 일이 이루어지는 곳으로, 오는 것과 가는 것의 교차점이자 정거장이라고 할 수 있을 것이다. 일반적으로 미술품이 놓이고 소통이 이루어지는 장소는 미술관이나 갤러리이다. 미술관이나 갤러리는 타블로에 그려진 그림이나 이동이 가능한 조각을 전시하는 곳이다. 그래서 실내 공간에서 전시되는 회화나 조각 작품은 장소적 맥락에서 자유롭거나 혹은 구애되지 않는 단일한 성격을 갖는다. 이 말은 현대미술이 건축에서 떨어져 나와 자립적 혹은 자족적 작품이 되었다는 것을 의미한다. 다시 말하면 그것은 작품이 놓이는 장소에서의 상황적 맥락 없이 그 자체로 자족적인 순수한 존재였다.

1960년대 이후는 '장소 특정적'(site specific) 설치미술이 미술관 밖으로 나와 삶과 분리된 공간이 아니라, 삶과 예술이 하나로 연결된 장소에서 재再맥락화 된다. 이는 대지예술(Earth art)이 등장하면서 '자족적이었던 순수한 존재'가 다시 시간과 공간이 일치하는 교차점 속에서 특정한 장소와의 교감을 시도하기 위한 것이었다. 그래서 미술은 해변이나 산으로 나와 그만의 교감방식을 만들어 가는 미술, 즉 '장소특정성'이라는 이름으로 '현장성', 즉 특정한 장소가 가진 환경을 재인식하고 자연물 그 자체인 돌, 흙, 나무, 모래를 활용해 예술과 자연을 새로운 차원에서 재결합한다. 이렇게 예술은 주변 환경과의 종합을 시도했다.

이런 시대적 변화 속에서 70년대 한국의 작가들 역시 자연에 대한 새로운 자각이 이루어 지면서 변화된 인식을 실천하려는 움직임이 소그룹 형태로 생겨났다. 대구현대미술제도 그들만의 방식으로 결과만이 아닌, 과정이나 행위 혹은 태도가 중요시되는 현장미술을 시도했다. 바로 이러한 의미에서 '강정 대구현대미술제의 귀환'은 과거와 미래가 바로 현재라는 시간과 현장이라는 장소에서 유기적으로 살아 숨 쉬고 있는 '소통의 역사', '교감의 장소'라는 것을 전제하고 이루어져야 하는 기획이다.

(2) '물·빛' 강정

2014년 강정 대구현대미술제의 주제는 '강정에서 물·빛'이다. 주제의 의미는 생명의 근원적 요소인 물과 빛을 통해 생성 변화하는 자연의 빛과 예술의 빛으로 호흡하고자 하는 의미에서 선택되어진 것이다. 해변이나 사막 혹은 불모지로 향했던 대지미술가들은 돌이나 모래 혹은 흙이나 나무라는 자연물을 소재로 삼았다. 이번 전시는 생명을 이루는 가장 기본적인 요소인 물과 빛을 소재가 아니라 주제로 삼는다. 그것은 끊임없이 변화하고 생성하는 자생적인 힘의 원천이 물과 빛이기 때문이다. 따라서 '강정에서 물·빛'은 생성하는 자연과의 교감 그리고 삶과 예술의 교감이 이루어지는 장소라는 궁극적인 의미를 찾아가는 것을 주된 목표로 삼고자했다. 그에 따른 내용은 역사성, 장소성, 공공성 그리고 공동체라는 네 가지의 섹션이 서로 유기적으로 결합되는 지점에서 참여 작가들의 자유로운 사색의 과정과 결과를 만들어 보는 것이었다.

이 프로젝트를 진행하기에 앞서 다양한 접근방법을 생각해 봤지만, 우선 장소특정적인 의미를 파악하는 것이 필요했다. 그래서 장소가 갖는 의미에 대해 나 자신에게 여러 가지의 질문을 먼저해보는 것을 출발점으로 삼았다. 그래서 얻은 결론은 강정이라는 장소가 의미하는 것에 대한 질문이 이번 전시의 기본적인 출발이자 과정인 동시에 결과가 되는 것이다. 그것은 야외전시의 특성상 예술과 환경과의 유동적인 관계 때문이기도 하지만, 무엇보다 강정이라는 장소가 갖는 역사적 의미가 어떻게 이곳에서 살아가는 지역민과 소통할 수 있을 것인가의 문제도 중요한 부분이기 때문이다.

따라서 참여 작가들과 만나 이번 기획에 대한 진행방식과 내용에 관한 윤곽을 발표하고, 이후 개별 워크숍이나 인터뷰를 통해 역사성, 장소성, 공공성 그리고 커뮤니티 아트에 대한 다양한 생각을 확장 및 유보할 수 있는 부분까지 열어 놓고, 그에 대한 답은 질문에 질문을 거듭하면서 그 질문 속으로 깊이 들어가 보는 것으로 설정했다.

질문1. 강정이라는 동일한 장소 그러나 다른 시간 속에서 시대적 인식에 대한 당시 작가적 태도와 반응을 어떤 방식으로 '지금 여기'에서 만날 수 있을 것인가?

질문2. 이번 전시는 강정이라는 장소, 낙동강 옆, 정확히 말하면 낙동강과 금호강이 만나는 지점, 강변에 들어선 강문화관(The ARC)을 중심으로 그 주변에서 이루어지는 삶과 예술이 어떻게 소통되어야 할 것인가?

질문3. 야외전시의 특성상 개인의 창의적인 시각이 공공의 장소에서 소통되어야 하는 지점(창작과 감상)은 무엇이어야 할까? 특정장소에 불특정 다수(전시를 보기위해 공원을 찾는 사람이 아닌)가 오가는 곳에서 작품과 감상 사이에서 발생하는 가깝거나 먼 거리를 좁히는 것이 가능할까, 가능하다면 그것이 필요선(善)일까?

질문4. 강정에 사는 주민들과 자발적 참여로 공동체 의식을 만들어 가기 위해서 어떤 방법이 가장 좋을까? 삶속에 스며드는 예술로 확장해 갈 수 있는 것은 무엇인가?

이러한 질문은 기획을 준비하면서 나 자신에게 했던 것이지만, 동시에 이번 전시에 참여하는 작가들의 작품이 이러한 물음에 답하는 것이기도 하다. 그러나 정답은 없다. 다만, 유보상태로 다음 또 그 다음의 질문에 답하면서 질문의 의미를 되새기고 질문이 곧 답이 될 때, 다시 말하면 질문이 필요 없을 때까지 진행형일 수밖에 없는 것이다.

(3) '물·빛' 작품

강대영, 〈탐욕으로 점령된 공간〉

모기가 인간에게 혐오스러운 것일 수 있는데, 그런 모기가 가진 요소가 인간에게도 있다는 것을 보여주고 싶었다. 급속한 발전 속에서 인간도 모기와 같은 존재가 아닐까라는 생각에서 모기에서 모티브를 가지고 와서 작업하게 되었다. 인간의 탐욕에는 끝이 없다고 생각한다. 나의 작업은 모기를 통해서 자신을 되돌아보자는 의미이다.

김광우, 〈강정길〉

김기수, 〈입방체 Cube〉

김광우, 〈강정길〉

이번 전시는 '사직단'을 재현하는 것이다. 내 작업의 중요한 요소 중에 하나는 자연공간 안에서 한 인간의 노동을 통한 육체와의 호흡, 느낌, 감성, 이런 것을 작업 과정을 통해 자연 안에서 호흡하는 것이다. 주변에 있는 돌과 건초와 나무 이것이 더해져서 하나의 형태가 만들어 지는 것이고, 그 가운데는 백색, 청색, 적색, 황색, 흑색을 방위별로 깔고 마무리한다.

김기수, 〈입방체 Cube〉

이번 전시작은 하나는 공간에 설치하고 다른 하나는 평면으로 비스듬한 언덕에 설치해서 입체와 평면을 서로 마주보게 한다. 공중에 떠있는 큐브에 하늘과 강과 사람이 하나의 큐브에 비치는 모습을 담고 싶다. 정형화된 물체의 표면에 비친 강과 하늘이 왜곡되거나 뒤집혀서 비치기도 하고 또 서로 겹쳐지면서 입방체 속에 담긴 자연적인 것과 인공적인 풍경 사이에 사람의 모습도 참여하게 하는 것이다.

김봉수, 〈피노키오의 항해〉

김성수, 〈새를 타는 사람들〉

김봉수, 〈피노키오의 항해〉

〈피노키오의 항해〉는 그동안 해오던 피노키오를 강정에 있었던 나룻배에 접목시켰다. 배는 마치 인상파 화가들이 밝은 태양빛에 아래 원색의 붓 터치로 그림을 그리듯 만들었다. 그렇게 만든 배는 우리가 살아가는 인생의 항로이고, 피노키오는 그 길에서 진실과 거짓 사이를 살아가는 인간의 모습이다.

김성수, 〈새를 타는 사람들〉

〈새를 타는 사람들〉은 나무 기둥 위에서 바람의 방향에 따라 움직인다. 이 조각상은 옛날 상여를 장식하던 '꼭두'를 모티브로 한 것이다. '꼭두'는 죽은 이와 살아있는 사람을 연결하는 것이다. 알록달록하게 색을 입고 매달려 가는 사람들, 나무 조각이지만 회화적인 방식으로 동화적인 그림으로 현실 속에서 꿈을 실현하고자 하는 희망을 담았다.

김수자, ⟨Earth of water⟩

김수자, ⟨Earth of water⟩

"⟨지·수·화·풍(Earth-Water-Fire-Air)⟩ 시리즈는 자연을 대면하고 자연에 대해 사유하며 자연과 우주, 우주와 나의 관계성에 대한 철학적 사고의 결과물이다. 이 작품은 인간과 자연의 관계에 대한 근본적 질문을 땅, 물, 불, 바람(공기) 등의 자연적 조건을 통해 통찰하고, 물질과 자연의 현상을 에너지와 자연의 요소로 이해하고자하는 작가의 의도를 담고 있다."[29] 이번 강정대구현대미술에 전시된 김수자 작가의 영상작품은 지·수·화·풍 연작 중 ⟨Earth of water⟩가 전시되었다.

김승현, ⟨팝송의 한 구절에서⟩

이번에 두 가지 작업을 한다. 둘 다 팝송의 가사를 인용해서 패러디하는 방식이다. 첫 번째는 '빈센트'라는 팝송의 가사를 인용했는데, 거기서 가사의 내용이 "Now I understand what you try tosay to me."(이제 당신이 내게 하려고 했던 말을 알겠다)와 다른 하나는

---

[29] 「영광원전 방류제, 김수자의 바늘이 되다」, 최은주, 연광 원자력 발전소 아트프로젝트 2010, 서문 중에서 발췌.

김승현, 〈팝송의 한 구절에서〉

나 현, 〈환기〉

'비지스'의 "Don't forget to remember"를 패러디했다. 'remember'(기억)를 'river'(강)와 합성을 해서 강에 대한 기억을 잊지 말자라는 내용을 동시에 담고 있다.

나 현, 〈환기〉

강정 고령보는 낙동강과 금호강이 만나는 곳이기도 하고, 4대강 사업의 전초기지 같은 느낌도 있다. 그래서 이 〈환기〉를 통해 보이지 않는 공간과 보이는 공간의 차이를 시도해 보려고 했다. 인공적으로 조경되어 있는 곳에 환기구 네 개를 설치해서 이 자체를 통해서 사람들이 그 밑에 뭔가 보이지 않는 공간에 하나의 숨어 있는 층위가 있을 수 있다는 것을 상상하게 하는 것이다.

담당 라이, 〈꽃가루받이 Pollination〉

나의 작업은 '자연'에 관한 것이다. 이번 전시의 주제이기도 한 물과 빛을 포함하는 자연에 관한 것이다. 일종의 삼라만상의 색을 담은 자연, 그래서 나는 생동감 있는 다양한

담당 라이, 〈꽃가루받이 Pollination〉 류현민, 〈여기에 예술작품이 있었다〉

색채로 우주안에 있는 온갖 사물, 바람 따라 흐르는 자연의 기운을 표현하고자 했다. 강정의 분위기는 도시와 자연 사이에서 그 어떤 영감을 떠올리게 한다.

류현민, 〈여기에 예술작품이 있었다〉

나는 역사적인 배경에 대한 해석에서 먼저 나 자신이 어떻게 예술작품들을 소비하게 되는지 먼저 생각을 했다. 그 소비는 기록되고 복사되는 형태로 소비된다. 2차적으로 기록이 된 후에는 아트시스템 안에서 역사화 된다. 역사화 되어서 권위가 부여된다. 이러한 역사적 과정을 나는 단순히 '거기 있었다'는 명시로 단순화 했다.

신강호, 〈Link-1408〉　　　　　　　　　　　　　신용구, 〈꿈의 조각들을 모으다〉

신강호, 〈Link-1408〉

작업의 주제는 '링크link'다. 이 말은 '연결(성)'이나 '관계'를 나타내는 단어다. 기존의 형태에서 투각을 통해 선들의 연결성, 관계성, 이런 방식으로 링크라는 작업을 한다. 어떤 유기적인 선으로 연결된 현대인을 표현하기 위한 것이다. 여러 개로 겹치면서 나타나는 선들을 중첩해서 프레임 속에 들어있는 사람의 형태를 만들 것이다. 내부에 조명효과를 넣어서 밤에 시각적 효과도 줄 것이다.

신용구, 〈꿈의 조각들을 모으다〉

나의 작업은 상징적인 오브제를 통해서 메시지를 전달하는 이미지 퍼포먼스다. 주제는 '꿈의 조각들을 모으다'라고 해서, 그것이 관객의 꿈일 수도 있고, 나의 꿈일 수도 있고, 어떤 희망, 막연하지만 희망을 전달하고자 한다. 이번에는 붉은 꽃으로 디아크라는 모던한 공간과 낙동강이라는 물 사이에 염원을 담고자 돌탑에 꽃을 심었다.

이도현, 〈19호실〉

이도현, 〈19호실〉

작품 명제인 '19번 방'은 도리스 레싱Doris Lessing의 소설제목에서 차용했다. '19번 방'은 대구의 현재라는 시점, 우리에게 주어진 가상의 공간을 전제한다. 이것은 안식의 공간이자 요람이고 초월적 공간이다. 현재의 우리는 극도의 긴장과 급변하는 환경속에서 나라는 존재를 잊고, 또 다른 가면을 쓰고 살아가고 있다. 우리가 무엇을 위해 이렇게 질주하며 삶의 목표가 무엇인가를 한 번 더 되짚어 보는 공간이다.

조대원, 〈안녕, 만나서 반가워요〉

이번 전시작은 십이지신상 중에서 악수하는 원숭이를 캐릭터처럼 단순화 시켰다. 세부묘사를 하지 않고 원형의 부드러움을 강조하여 단지 귀여운 조각의 덩어리, 둥글둥글한 부드러움 속에서 원초적인 감성이나 개성이 점점 사라져 가는, 자신의 정체성을 상실해

가는 현대인의 초상을 담고자 했다.

조숙진, 〈교차로 Crossroads〉

나의 작업은 브라질의 작은 섬에서 촬영한 비디오 작업이다. 그곳에 있는 어느 성당에서 우연히 발견한 구절이 "진정한 철학은 죽음을 명상하는 것이다"였다. 물과 날씨의 변화를 보면서 삶과 죽음의 사이클, 그런 작업을 하고 싶었다. 그 두 달 동안 영감 받은 묘비명을 나무에 새기면서 그것을 쌓고 다시 태워 보냈다. 빈손으로 왔기에 빈손으로 떠나고 싶었다. 43분과 4분, 두 개를 만들어 같이 보여주는 일종의 우리의 삶에 대해 다시 한 번 생각해 볼 수 있는 그런 작업이다.

차현욱, 〈강정자리〉

강정이 자리한 곳에 대해 자료 조사했다. 예전 강정자리는 농경지대였고, 물문화관이 있는 자리는 나루터 자리였다. 지금은 강정나루터 자리에 강창교가 자리하고 있다. 나의 작업은 과거 강정자리에 별자리를 결합한 것이다. 이런 변화된 강정을 나타낼 수 있는 소재인 시멘트와 철을 가지고 〈강정자리〉를 나타내는 일종의 좌표를 만들었다.

최두수, 〈플라스틱 콘크리트 꽃〉

나의 작업은 도시개발을 위한 상징적 재료인 콘크리트다. 이 재료가 가진 양면성을 플라스틱 시대와 콘크리트 시대가 갖는 차이라는 문화적인 양면성으로 표현하고 싶었다. 작은 컵이나 그릇에 시멘트를 채워서 그 용기가 쓰여 지는 공간을 쓸모없게 만드는 작업을 계속해 왔었는데, 이번에는 야외에 놓이는 대형 화분에 시멘트를 채워서 용도가 상실되는 상태를 플라스틱 콘크리트 꽃에 담았다.

조대원, 〈안녕, 만나서 반가워요〉	조숙진, 〈교차로 Crossroads〉
차현욱, 〈강정자리〉	최두수, 〈플라스틱 콘크리트 꽃〉

황성준, 〈백일몽Day-dream〉

각각 다른 세 개의 알은 과거의 알 현재 그리고 미래라는 서로 다른 시간을 은유한다. 그리고 일상에서 보던 알의 크기보다 확대가 된 알은 신비한mystery 상상을 불러일으킨다. 물문화관의 초현실적인 형태와 강과 습지가 있는 풍경이 마치 백일몽Day-dream 같은 풍경이다. 순백의 알은 순수한 자연의 형태이고, 메탈릭metallic한 알은 인공적인 도시를 나타내고자 했다.

황우철, 〈세속적이거나 철학적이거나 욕망은 진화한다〉

말의 형상인 몸과 나뭇가지 형상을 한 다리가 결합된 황우철의 조형물은 동물과 식물이 하나가 되어 하늘을 향해 우뚝 솟아 있다. 이 작품은 악마와의 싸움으로 점철된 수도생활을 테마로 했던 살바도르 달리의 〈성 안토니의 유혹〉에서 영감을 받아서 제작한 작품으로 선과 악의 경계에 선 인간의 욕망을 자연과 인간, 꿈과 현실이라는 이중성, 현대인의 욕망에 내재된 세속적인 것과 철학적인 것이 갖는 이중성을 조형화했다.

홍원석, 〈아트택시〉

내가 그려온 그림도 택시를 모티프로 시작된 풍경이었지만, 아트택시는 내가 가장 잘 알고 절실한 것으로 세상과 소통하고 싶어 시작한 프로젝트이다. 할아버지와 아버지가 택시 기사로 사셨고, 나는 예술가로 택시와 관련된 그림이나 프로젝트를 진행하고 있다. 강정에서의 '아트택시'는 강변을 찾아 온 사람들과 택시를 타고 가까운 목적지를 가는 동안 일상적인 대화를 나누는 것이다.

선데이페이퍼, 〈꿈과 꿈 사이〉

이번에 강정에 참여하는 작업의 제목은 'In between dreams'(꿈과 꿈 사이)이다. '꿈과 꿈 사이'는 18미터 되는 돔형식의 큰 그늘막으로 된 휴식 공간이다. 그 안에는 강정의 물과 풀을 담은 두개의 영상과 낮고 긴 의자가 있다. 햇빛이 강한 날은 차양막이 되고 비가 오는 날은 어느 정도의 비를 피할 수 있다. 이곳에서 쉬거나 담소를 나누며, 안과 밖이 연결되어 숨 쉬는 공간에서 '꿈과 꿈 사이'를 경험하게 하는 것이다.

황성준, 〈백일몽(Day-dream)〉 | 황우철, 〈세속적이거나 철학적이거나 욕망은 진화한다〉
홍원석, 〈아트택시〉 | 선데이페이퍼, 〈꿈과 꿈 사이〉

원네스, 〈Sond walk〉

　사운드 퍼포먼스와 공연을 전시기간 중에 네 번 진행한다. 첫 공연은 전시가 오픈하는 날 하는 '즉흥연주 노이즈'로 바이올린, 컴퓨터사운드, 영상과 소음 그리고 자연의 소리를 각자 즉흥적인 연주로 이어간다. 두 번째는 존 케이지John Cage에 대한 재해석으로 일상의 사물들이 내는 소리를 상황에 따라 연주한다. 세 번째는 재즈공연으로 대중적인 연주를 한다. 네 번째는 사운드 워크Sound walk로 소리와 주변 환경과의 관계 속에서 자신을 발견해 가는 퍼포먼스이다.

원네스, 〈Sond walk〉

　이렇게 2014년의 전시는 한 달간 뜨거운 여름을 피해 강으로 나온 지역민과 타他도시에서 온 사람 그리고 전시를 관람하기위해 온 사람들로 주말이면 마치 불 밝힌 도시의 다운타운처럼 사람들로 북적였다. 한적하던 강변이 새로운 도시가 형성되면서 아파트 단지가 들어서고 낙동강과 금호강이 교차하

2014 강정 대구현대미술제 '강정에서 물·빛' 아카이브

면서 일으키는 바람인지, 여름밤이면 이곳은 시원하다. 이 시원한 바람타고 삶과 예술도 만나서 다양한 방식의 소통을 이루는 곳이 되고 있다.
　많은 사람들이 오가는 강변 공원에서 강정 대구현대미술제의 위상과 과제가 무엇인지, 이번 전시 그리고 이후 전시를 위한 길을 열어가기 위해 김찬동 선생의 강연이 두 차례 있었다. 그리고 도록에 실렸던 글을 이 책에 수록하고자 한다.

(4) 강정 대구현대미술제의 위상과 과제[30]

2014년 3회째를 맞은 강정 대구현대미술제는 1970년대 초반 강정에서 열렸던 대구현대미술제의 전통을 이어 이를 현대적으로 되살리기 위한 의도에서 시작되었다. 대구현대미술제는 한국의 실험미술을 일구어 내는데 큰 역할을 담당했다. 70년대 척박한 미술의 풍토에서 대구에서 실험적인 젊은 작가들의 활동은 한국 현대미술의 한 단초를 제공하였다. 그로부터 40년의 세월이 흘러 강정의 산천은 변하였다. 낙동강 수변 개발의 일환으로 보가 설치되고 '디아크'라는 거대한 기념건축물이 들어서며 대규모의 수변공원이 조성되었다. 미루나무 건너편 당시 작업을 펼쳤던 백사장은 습지로 지정되어 인적이 접근할

수 없는 곳이 되어버렸지만 지금도 그때의 실험적 에너지는 우리의 미술사 속에 면면히 살아 숨 쉬고 있다. 당시 미술제에 참여했던 젊은 작가들은 이미 6~70대의 중진 원로들이 되었고 그들이 일구어낸 작업들은 한국미술의 밑거름이 되었다.

올해 강정 대구현대미술제는 공공성, 역사성, 장소성 이라는 주제를 가지고 넓은 공원 내에 22 팀의 국·내외 작가가 참여한 야외 조형작업을 선보였다. 이 프로젝트는 일회성으로 그치지 않고 지역의 중요한 문화행사로 서서히 자리를 잡아가고 있다고 보여 진다. 그간 3회에 걸쳐 다양한 작가들의 작품을 선보였지만, 설치작업이나 조각 작품을 야외로 옮겨놓은 것과 같은 성격을 가지고 있었는데 이러한 작업의 성격과 행사의 위상을 어떻게 설정해야 할까는 이 프로젝트의 정체성을 얻어내기 위한 가장 중요한 과제가 아닐까 한다.

---

30 김찬동, 한국문화예술위원회 전문위원(* 현재는 경기도문화재단 뮤지엄본부 본부장).

한국 현대미술에 있어 야외미술의 역사는 1967년 12월에 개최된 ≪청년작가연립전≫으로 거슬러 올라간다. 이는 1963년도부터 65, 67년 사이에 홍익대학을 졸업한 신진 전위 예술가들로 구성된 [무], [오리진], [신전] 동인이 함께 모인 연립전의 성격을 가지고 있다. 대개는 오브제를 활용하거나 행위예술 또는 개념적 작업을 펼치면서 기존의 미술제도와 문화를 비판하는 작업들을 추구하였다. 이러한 비판적 작업들은 미술관내에서 보다는 특히 야외에서 다양하게 펼쳐졌는데 1968년 강국진, 정찬승, 정강자에 의해 제2한강교(현 양화대교) 아래서 펼쳐진 〈한강변의 타살〉은 그 대표적 사례라 할 수 있다. 이외에도 1969년 이승택에 의해 강변에서 시도된 나뭇가지에 붉은색 천을 묶어 바람에 날리게 한 〈바람놀이〉라든지, 한양대학 근방의 강변 둑의 잔디를 태워 기하학적 흔적을 담긴 김구림의 〈현상에서 흔적으로〉(1970)와 같이 야외에서 벌어진 해프닝과 개념적 행위예술들을 대표적으로 꼽을 수 있다. 대구현대미술제 역시 이러한 흐름을 이어받아 야외에서의 다양한 매체의 실험 작업을 펼쳐 보였다.

2012년 새로이 시작된 강정 대구현대미술제 역시 과거의 전통을 이어받은 야외 미술제라 할 수 있다. 80년대 이후 국내에서 개최되는 야외미술제는 대개 3개의 커다란 그룹 활동을 근간으로 한다. 첫째는 81년부터 현재까지 명맥을 이어오며 현재는 ≪금강자연미술제≫로 자리를 잡은 [야투] 그룹의 활동, 81년 1월에 열린 겨울 ≪대성리 31인전≫의 명맥을 이어오고 있는 [바깥미술회], 그리고 1995년부터 야투에서 갈라져 나와 대청호를 중심으로 ≪국제환경미술제≫를 펼쳐온 [나인 드래곤 헤즈]의 활동을 들 수 있다. 자연에 최소한의 행위를 가하며 자연과의 긴밀한 소통을 꾀하는 [야투], 대지가 가진 에너지와의 만남과 교감을 꾀하는 [바깥 미술회], 노마드적 차원의 생태미술과 관련한 국제적 연대를 꾀하는 [나인 드래곤 헤즈] 등 서로 성격을 달리하면서 야외설치와 행위, 환경미술을 기반으로 다양한 활동을 펼치고 있다. 이러한 다양한 흐름 속에서 야외작업을 주조로 하는 강정 대구현대미술제의 위상은 어떻게 설정되어야 할까?

일찍이 미국의 비평가인 로잘린드 크라우스Rosalind Krauss는 1960년대 이후 대지예술과 같은 새로운 어법의 작업들이 일상화되었던 상황에서 입체작품을 종래의 조각이란 개념으로만 설명할 수 없음을 직시하고 그의 〈확장된 장場에서의 조각〉이란 글을 통해 조각이 풍경이나 건축과 같은 개념과의 상관성을 가짐을 착안하여 조각과 비非풍경, 비非건축의 개념과의 관계를 다이어그램화하여 조각영역의 확장된 위상을 제시한 바 있다. 그의 다이어그램은 모더니즘 이후의 미술에 대한 분석의 틀로서 의미를 가지지만 오늘날 야외작업의 성격과 위상을 파악하는데도 유용한 틀이 되고 있다.

이번 강정 대구현대미술제의 작품들은 이 틀로 분석할 때 어떤 위상을 가질까? 건축과 유사하지만 건축이 아닌 작품들, 풍경과 유사하지만 풍경은 아닌 작품들, 아니면 전통적인 조각작품들, 그도 아니면 비건축과 조각의 중간지점에 있는 작품들, 비풍경과 조각의 중간지점에 있는 작품들 등 다양한 분석이 가능할 것이다. 경우에 따라서는 단순한 조각 작품을 크기만을 키워 야외로 옮겨 설치한 경우도 있다. 그러나 대부분의 작업이 가진 공통점은 장소 특정적site-specific 성격을 가지고 있다는 점이다. 이는 작품이 놓여 지는 장소의 성격을 파악하고 그 장소에 부합되는 작업을 의미한다. 장소는 물리적 공간과 구별된다. 삶과 역사가 녹아있고, 담론이 생성되는 곳이기 때문이다. 초대 받은 작가들은 강정의 장소적 특성에 관해 연구하고 이를 바탕으로 작업을 진행했을 것이다. 강정이란 장소가 가지는 역사와 문화를 재맥락화 하는 작업을 과제로 하였을 것이다.

야외에 설치되는 작품들은 불가피하게 공공적 성격을 가진다. 특히 공원과 같은 공적 공간에 설치되는 작업들은 본질적으로 공공적이며 공공 미술로서의 위상을 가지는 것이다. 공공미술의 특성은 일반적으로 공공성, 장소특정성, 조응affordance, 사회적 비판, 미학의 영역과 관련된 담론을 내포한다. 공공성이란 일반 공중으로서의 관객의 필요와 기호를 충족시켜야 하는 문제를 포함하고 있으며, 장소 특정성이란 장소 부합성과 장소의 역사와 문화를 기반으로 하는 과제를 해결해야 한다. 조응의 경우 공공적 사용을 위해 기능해야 하며, 또 공공의 필요를 만족시킬 뿐만 아니라 일상의 유익에도 기여해야 함을 의미한다. 공공미술이 가지는 사회적 비판의 기능, 사회-문화적 질문에 대한 해답은 물론 가치를 발견하는 사회적 과정을 의미하며 커뮤니티의 다양성과 도시문제에 대한 언급을 포함한다. 마지막으로 미학의 경우 미적 감성을 제공하며 예술적 창조적 기법 혹은 수월성을 표현해야 하는 특성을 말한다. 이번 작품들의 경우, 작품에 따라 다르긴 하지만 이러한 다양성의 영역을 골고루 드러내고 있다. 사실 〈디아크〉라는 거대한 건축조형물이 강정의 랜드마크화 되어 있어 주변에 놓인 작품들과의 균형을 맞추기가 쉽지 않지만 작가들의 경우, 이를 적절히 활용하기도 하였다.

    이상과 같은 몇 가지의 요소들만을 가지고도 강정의 현대미술제가 어떠한 방향성을 가지고 나아가야 할지 많은 과제를 가지게 된다. 그러나 이러한 미술제는 또 다른 맥락 속에서 새로운 과제에 직면하게 된다. 이미 선진국들에선 일반화된 전략이 되었지만, 공공미술이 도시재생과 창조도시의 문맥 속에서 활용된다는 점이다. 우리의 경우도 2008년 이후 창조도시나 도시재생이란 개념들이 지역 활성화의 차원에서 정책적으로 다루어지기 시작하였다. 〈창조도시〉를 주창했던 찰스 랜드리Charles Landry가 여러 차례 한국을 방문하여 그 개념을 설명하고 새로운 도시발전 전략의 전도사 역할을 한지도 오래되었다. 도시마다 도시재생 차원에서 구도심을 어떻게 재생하여 지역경제를 활성화 시킬지가 핵심 과제가 되어 있다. 또한 문화를 통한 도시재생과 창조도시의 건설은 선진국의 가장 실효성 있는 전략으로 이미 정형화되어 있기도 하다. 석탄이나 철강 산업과 같은 2차 산업이 사향길에 접어들면서 그 산업의 중심지역이 급격하게 쇠락할 수밖에 없는데 이러한 도시들을 문화적으로 재생시켜냄으로써 지역경제를 복원하는 전략이다. 우리가 아는 스페인의 빌바오 구겐하임이나 영국의 게이츠헤드 등 강을 끼고 있는 산업도시들의 재생은 그 대표적인 사례가 되고 있고 아시아권에서도 일본, 싱가포르, 홍콩 등 이러한 전략을 구체화시킨 사례들이 허다한 실정이다. 여러 가지 전략적으로 미흡한 점이 많았지만 '한강 르네상스'나 '디자인 서울' 프로젝트도 이러한 창조도시와 도시재생의 일환으로 진행된 것이라 할 수 있다.

    강정의 경우도, 4대강 개발로 인한 수중보의 건설과 디아크라는 건축물의 조성으로 이곳이 지역의 명소가 되었다. 그러나 물박물관을 표방한 디아크는 건축의 조형적 요소

이외에 이곳에서 생산되는 문화적 콘텐츠가 별반 없어 안타까운 실정이다. 강변을 중심으로 매우 경쟁력 있는 재생프로젝트로서의 의미를 가지지만 유럽의 사례에서 보여주듯 이를 활성화할 프로그램이 별반 없는 실정이다. 이러한 상황을 보완할 수 있는 문화적 요소는 무엇일까? 이번 행사가 보여준 여러 가지 프로그램들이 보강된다면 이러한 문화적 결핍 부분을 해소할 수 있지 않을까? 도시마다 문화적 프로젝트를 통해 도시를 브랜딩하고 있다. 강정의 경우도 달성지역을 브랜딩할 경쟁력 있는 충분한 여건과 환경을 가지고 있다. 여기에 현대미술제가 활성화되면 이 역시 중요한 브랜딩의 요소가 될 수 있을 것이다.

3회째를 맞는 강정 대구현대미술제는 전술한 바와 같이 대구현대미술제의 전통을 현대적으로 재건하기 위한 목표를 가지고 시작되었다. 문화적으로 척박한 대구의 주변부에서 현대미술의 역사에 새로운 불을 지핀 사실 하나만으로도 큰 의미를 가지는 것이지만, 그 수준과 영역이 과거와는 사뭇 다르게 변화된 현대미술의 양상을 고려한다면, 미술제의 위상과 특성화를 위해서는 상당한 과제를 가지고 있는 것도 사실이다. 그러나 중요한 일은 한국현대미술의 맥락에서 지역의 역사성과 장소성을 탐구하는 일이며, 이를 공공적 차원에서 소통시킬 수 있는 수준 높은 실험적 축제를 만들어 이를 도시의 브랜드화 하는 일이다. 이를 위해서는 지역차원을 넘어선 축제로서 한국의 현대미술을 생산해 내는 새로운 장이 될 수 있도록 위상을 설정하는 일이 중요하다. 또한 이를 위한 예술가들의 자발적 에너지가 결집될 수 있도록 지속적으로 플랫폼을 만드는 일도 중요할 것이다. 대구현대미술제가 그랬듯이 먼 훗날 오늘의 강정 대구현대미술제가 한국미술에 크게 기여할 수 있는 터전이 되기를 기대한다.

2014년 강정 대구현대미술제 전시감독을 하며 이전과 현재 그리고 이후를 위한 보다 발전적인 비전을 위한 세미나를 했다. 예술행정가, 미술평론가 그리고 전시에 참여했던 작가 등 여러 분야의 필진으로 글을 쓰고 발표와 토론시간을 가졌다.

(5) 강정 대구현대미술제, 2014년 그리고 2015년의 방향

1.

강정 대구현대미술제가 2014년 '강정에서 물·빛'이라는 주제로 역사성Historicity, 장소성Site-Specificity, 공공성Publicity을 전제로 출발해 달성군과 달성문화재단의 열정에 힘입어 많은 사람들로부터 호응을 얻으며 다음 전시에 대한 기대감을 열어 놓았다.

강정 대구현대미술제는 강정이 가진 역사 문화적인 자원을 바탕으로 전통과 현대가 공존하는 가운데 미래지향적인 방향을 제시하는 프로젝트이다. 뿐만 아니라, 마치 보물을 발굴하듯 달성문화재단이 이룬 성과는 서원의 정신적인 문화, 100대 피아노라는 대형 퍼포먼스 연주와 공연 그리고 강정 디아크The ARC 광장에서 이루어지는 강정 대구현대미술제 만으로도 문화예술을 창출해 나가는 의미가 남다르다. 이러한 의미는 몇몇 대표적인 행사만으로도 삶과 예술을 연결해 삶의 질을 높이는 새로운 비전을 실천하는 곳이 되고 있음이다.

21세기 문화예술은 창작활동과 도시공간의 경계가 사라지고, 창작이 도시공간으로 도시가 창작공간으로 연결되어 삶이 예술로 예술이 삶으로 확장되고 있다. 이러한 시대적 요청에 맞게 달성은 지역의 특수한 환경을 바탕으로 단순한 예술적 성취라는 기준을 넘어서 사회적 맥락 내에서 문화예술프로젝트가 갖는 가치창출에 중요한 교두보를 만들어 가고 있다. 그것은 중장기적인 비전을 가지고 사회적 맥락 내에서 문화예술프로젝트가 갖는 의미를 삶의 현장에서 호흡하는 살아있는 프로젝트로 성장시켜가는 것에 있을 것이다.

이러한 실천이 보다 미래지향적인 비전으로 거듭나기 위해서는 보다 발전적인 방법적 모색과 실천이 필요하다. 무엇보다 전문인력과 체계적인 시스템을 만들어 가야 한다. 단일한 프로젝트가 아닌, 이전과 이후의 프로젝트가 유기적인 연관성 속에서 지속 성장해 갈 수 있는 체계, 예컨대 프로젝트 프로모션을 위한 현실적이고 구체적인 데이터 구축이 필요하다.

많은 예산을 들여 공연이나 전시를 할 수 있는 공간을 가지고 있지만, 정작 콘텐츠 contents가 없어 유명무실한 경우를 적지 않게 보게 된다. 공간운영을 위한 지역의 특수성이나 전문적인 식견과 경험이 없을 경우 예산낭비는 당연한 귀결일 것이다. 달성문화재단에서 주관하는 강정 대구현대미술제는 예술회관이나 미술관이라는 건축적인 공간에서 진행하는 프로젝트가 아니기에 여러 가지의 변수가 많이 작용하는 것이 사실이다.

그럼에도 불구하고 이 전시가 갖는 의미는 유비쿼터스Ubiquitous('언제 어디에나 존재한다'는 뜻의 라틴어), 즉 사용자가 컴퓨터나 네트워크를 의식하지 않고 장소에 상관없이 자유롭게 네트워크에 접속할 수 있는 환경은 이미 우리의 생활 구석구석에 스며들어 있다. 이런 정보통신의 환경, 장소에 상관없이 자유롭게 네트워크에 접속할 수 있는 지금의 정보통신의 위력이 앞으로 어떤 환경을 만들어 갈지 기대와 두려움이 교차하는 것은 누구나 한번쯤 생각해 보았을 것이다. 편리하게 정보를 공유하게 하고 또 다양한 소통 채널로서의 기능을 하고 있지만, 소셜미디어가 세상의 빛과 소금이자 동시에 암흑일 수 있는 명백한 대비를 상상하기란 그리 어려운 일이 아니다. 그것은 유비쿼터스 네트워킹이 미래에 새로운 문화 정치적 환경이자 모든 것을 통제하는 힘도 가지고 있기 때문이다.

다양성보다는 획일성 속에서 데이터화될 우려가 많은 소셜미디어의 폐쇄성이 개인의 정체성 나아가 지역의 정체성에 대한 인식을 보편적 다수 속에 희석시키고 있다. 이러한 폐해는 자아 정체성조차 데이터화된 정보만으로 받아들이는 청소년들을 통해 알 수 있다. 따라서 역사와 장소 그리고 전후의 맥락 없이 정보를 습득하는 무한 복제의 시대, 개인의 자아와 지역적 정체성을 보다 체계적인 연구개발로 문화적 인식의 변화를 이끌어 내야 하는 당위성에 직면해 있다. 그 이유는 삶 속에서 이루어지는 예술적 실천이야 말로 개인적인 삶을 환경과의 유기적인 관계 속에서 건강하게 성장해 갈 수 있는 토양을 제공해 줄 수 있기 때문이다.

바로 이런 점에서 강정 대구현대미술제는 삶과 예술이 교차하는 지점에서 생생하게 호흡하는 미래지향적인 예술 콘텐츠로 중요한 역할을 하고 있음이다. 그 이유는 개인의 정체성과 삶은 그가 속한 지역의 장소가 갖는 역사, 문화 그리고 물리적이거나 환경적 맥락 속에서 만이 건강하게 성장해 갈 수 있기 때문이다.

2014 강정 대구현대미술제는 지역이 국가의 이미지를 변화시키는 글로컬(global+local) 시대에 매우 중요한 역할을 수행했다. 그것은 창조도시나 문화도시의 성패가 특성화를 통한 이미지전략에 있기 때문이다. 이미지전략이란, 그 도시가 가진 고유한 특성을 찾아서 수준 높은 문화 콘텐츠를 개발하고 활성화하는 것에 있다. 이는 도시와 도시 간의 원활한 교류와 체계적인 콘텐츠의 개발을 통해 상생을 지향하는 문화지형도를 만들어 가는 것이다. 따라서 강정 대구현대미술제가 장르간의 융합(작가, 도시, 국가)과 상호 보완시스템을 갖추고 프로모션 시스템의 체계적인 운영이 이루어진다면, 글로컬glocal시대에 하나의 중요한 모델로 지역미술을 대표하게 될 것이다.

2.

2014 강정 대구현대미술제는 물과 빛이라는 생명의 가장 기본적인 요소를 가지고 진행했다. 물과 빛은 끊임없이 살아 움직이는 생명으로 변화와 생성을 상징하고 있기 때문이다. 생성 변화하는 힘의 원천인 물·빛 가득한 곳에서 삶과 예술이 교감하는 자리를 만들어 한 달간의 전시를 진행했다. 전시를 진행하면서 느꼈던 것은 체계적인 전시 진행을 위한 매뉴얼이 만들어져야 한다는 것이었다.

야외에서 이루어지는 전시이다 보니 여러 가지 변수에 대처하기 위한 구체적인 매뉴얼을 갖추고 있어야 할 필요가 있다. 이를테면 24시간 오픈된 장소에 작품을 설치해야 하는 관계로 비와 바람 그리고 강한 햇살, 많은 사람들이 오가는 곳이라 훼손의 여지가 많기 때문이다. 강정 대구현대미술제는 역사적 의미를 재생산하고, 그 가치를 미래지향적인 비전을 통해 창조적인 지평을 마련해 가기 위한 것이다.

그렇기에 시대의 역사적 가치와 정신을 일깨우는 것은 현재라는 시간과 장소에서 찾아야 하는 것이다. 그럴 때만이 과거를 통해 미래로 향하는 새로운 생명에 불을 지필

수 있을 것이기 때문이다. 확실히 역사적 의미를 재생산하고 미래지향적인 가치를 찾을 수 있을 때, 강정 대구현대미술제는 과거와 현재 그리고 삶과 예술이 교차하는 지점에서 지정학적 의미를 확보할 수 있다.

이를 위해 2014 강정 대구현대미술제는 과거와 미래가 바로 현재라는 시간과 장소, 유기적으로 살아 숨 쉬는 역사적 장소에서 생명의 근원적 요소인 자연의 빛과 예술의 빛으로 '소통의 역사', '교감의 장소'로 호흡하고자 했다.

3.

2015 강정 대구현대미술제는 '가까이 그리고 멀리서'라는 주제로 장소가 갖는 의미를 보다 글로벌Global한 차원에서 접근해 보고자 한다. '가까이 그리고 멀리서De près et de loin'는 레비스트로스C. Lévi-Strauss(1908~2009)의 회고록 제목을 차용한 것이다. 이 회고록은 철학전문 기자인 디디에 에리봉Didier Eribon이 80살에 접어든 노학자의 인생을 회고하면서 학문적 여정을 질의문답으로 정리한 책이다. 노학자의 회고록은 한 시대의 삶을 이해하고 그것을 새롭게 사유하게 하는 창조적인 힘이다. 그리고 그 힘은 문화적 차이나 장르 혹은 나이를 뛰어 넘어 삶의 깊이를 사유하게 한다.

무엇보다 '가까이 그리고 멀리서'는 지식인의 사유가 시·공간적으로 멀리 떨어져 있는 대상을 관찰하면서도 현장에서 가까이 들어가서도 보아야 하는 이중적인 운명을 의미하는 것으로 과거라는 시간과 현재라는 시간이 가지는 가깝거나 먼 시·공간의 차이를 일깨우는 단서를 제공한다.

2015 강정 대구현대미술제의 주제를 '가까이 그리고 멀리서'로 잡은 것은 대상을 관찰하는 인류학자의 이중적인 운명처럼, 과거와 현재, 자연과 도시, 삶과 예술이 결합되는 '강정'이라는 장소가 가진 의미, 강정 디아크 광장에서 이루어지는 야외 전시장의 진폭을 확장해 보고자 하는 것이다. 나아가 이번 기획이 '강정'이라는 어떤 특정한 장소를 바라보는 문화예술적인 판단과 취향의 비전이 다양한 방식에서 삶의 열망을 담아 낼 수 있기를

바라기 때문이다.

4) 강정, 가까이 그리고 멀리서[31]

(1) 강정, 공공미술의 새로운 지평

21세기 문화예술은 창작활동과 도시공간의 경계가 사라지고, 창작이 도시공간으로 도시가 창작 공간으로 연결되어 삶이 예술로 예술이 삶으로 확장되고 있다. 이러한 시대적 요청에 맞게 달성군에서는 지역의 특수한 환경을 바탕으로 단순한 예술적 성취를 넘어서 공공미술의 새로운 장을 펼쳐 놓았다. 이점은 강정 대구현대미술제가 사회적 맥락 내에서 문화예술프로젝트라는 가치창출에 중요한 교두보를 만들어 내고 지역 공공미술의 새로운 거점으로 부상하고 있음이다.

강정의 장소적 특성은 '미술품의 존재감'을 낯선 시선(수변공원을 찾는 대부분의 사람이 휴식을 위해 나왔다가 미술품을 발견)과의 주선으로 심리적 호기심과 적극적 반응들을 교차시킨다. 그것은 창작과 감상간의 다양한 소통이 이루어지는 최전선의 장소적 의미라는 가치창출로 공공미술의 새로운 지평을 열어 가고 있다. 또한 강정의 수변공원에서 이루어지는 전시는 하드웨어적인 마인드에서 소프트웨어 마인드로 전환이 가능한, 그 어떤 시대적 변화의 과정을 실험하는 하나의 중요한 장소로 거듭나고 있다.

---

31   2015 강정 대구현대미술제 전시주제, 전시감독 김옥렬, 2015.

김영섭, 〈붉은 나무〉

슈판 피아오, 〈너와 나〉

이점은 기존의 반영구적인 설치가 아니라, 얼마간의 기간에 일시적으로 전시가 되었다가 철거된다는 유연성을 가진다. 이러한 유연성은 물리적 장소나 구조적으로 완결된 작품보다는 다양한 소통의 가능성을 열어 놓는 야외전시의 이점이 있다. 이러한 시도는 강정을 문화적 자산으로 만들어 가면서 지역의 문화 콘텐츠를 재생산하는 새로운 공공미술로의 이행을 한 발짝 내딛는 것이다.

2015년 전시 주제인 '강정, 가까이 그리고 멀리서'는 1970년대 대구현대미술제의 전통과 새롭게 부활한 강정 대구현대미술제 간의 상황적 차이 속에서 과거와 현재라는 시간성, 자연과 도시가 만나는 장소성, 4대강이라는 국가적 프로젝트가 이루어진 디아크The ARC를 중심으로 불특정 다수의 인파 속에서 한 달간의 일정으로 진행되었다. 강정에서의 전시가 회를 거듭할수록 확실히 공공성의 의미를 제안하는 대안적 의미가 다양한 방식에서 논의됨으로써 새로운 담론을 생산하는 장소가 되고 있다. 이제 강정 대구현대미술제는 동시대 미술의 새로운 역할과 가능성을 탐색하는 전시이자, 동시에 대중과의 소통을 위한 공공미술의 새로운 가능성을 무게 있게 가늠해 보아야할 시점에 와 있다.

따라서 현장에서 이루어지는 야외전시의 특성상 장소적 요소와 작가의 사고방식 그리고 공원을 방문하는 사람들과 더불어 공감할 수 있거나, 이 장소에서만이 절실하게 소통될 수 있는 예술이란 무엇일까? 강정에서의 전시가 단순히 대중의 안목을 키우는 것을 넘어서 불특정 다수가 오가는 삶과 휴식의 공간, 공공의 장소에서 미술이 지향해 가야하는 것이 무엇일까? 에 대한 새로운 질문이 요구되어 진다.

이러한 질문에 답할 수 있는 것은 미술이 다만 보는 것에 그치지 않고 입고 생각하고 벗어야 할 것을 일깨우는, 이를테면 미술품을 통해 감상자가 작가와의 공통의 감각을 발견하는 순간, 잠자고 있던 무의식을 깨워 새로운 창으로 세상을 보는 시각이 필요하기 때문이다. 이러한 소통을 가능하게 하는 공공미술의 발전적 가능성을 위해서는 문화예술의 결핍을 인정하고 받아들이는 행정과 감상의 태도 역시 중요하다. 이를 위해서는 우선 지역의 행정과 지역민이 주변부 의식을 버리고 척박한 문화지대를 공적인 차원에서 실험적인 축제로 거듭나기 위한 미술제의 위상 역시 재정립할 필요가 있다.

강정의 미술제가 공공미술의 가치를 효과적인 도시 브랜드로 발전시켜 나가기 위해서는 영구적인 설치보다는 프로젝트를 통한 다양한 이야기를 만들어 가는, 즉 결과보다는 과정 속에서 그 의미와 가치를 발견하는 교육과 홍보 시스템을 작동시켜야 한다. 이러한 실천 방안이 구체화될 때 미래지향적 가능성을 견인하는 프로젝트가 될 수 있다. 이를 실현해 나가기 위해 올해 강정 대구현대미술제는 가깝거나 먼 곳에서 삶과 예술이 교차하는 방식으로 소통의 가능성을 열어 놓았다. 이번 전시에는 중국, 인도, 미국, 한국 작가로 구성된 스물세 명과 두 팀의 작가들이 다양한 방식으로 작품을 제작해서 한 달간의 전시로 진행되었다.

강정이라는 장소 특정적인 전제에서 이루어지는 강정 대구현대미술제가 도시문화의 산물인 화랑이나 미술관을 벗어나 자연과 도시가 교차 하는 수변공원에서 기분전환을 하려고 나온 사람들에게 어떤 방식으로 야외전시의 의미와 가치를 생산해가야 할지, 생태학적이거나 문화 인류학적인 방향에서 21세기에 지향해 가야 할 새로운 비전으로 재정비할 필요성이 요구되어 미술전문가를 초청해서 학술제도 열었다.

(2) 강정, 가까이 그리고 멀리서

장소적 특성, '강정'이라는 장소가 가진 의미, 강정 디아크 광장에서 이루어지는 야외 전시장의 의미를 보다 잘 함축하는 것이 '가까이 그리고 멀리서'이다. 이 주제는 '강정'이라는 어떤 특정한 장소를 바라보는 문화예술적인 판단과 취향의 비전이 다양한 방식에서 삶의 열망을 담아 낼 수 있기를 바라는 마음이다. 또한 2015년 주제와 더불어 '강정 대구현대미술제의 발전적 비전'을 위한 세미나는 다양한 시각에서 발전적 방향이 논의되고 그러한 논의 가 현실적으로 걸러져서 하나의 실천적 모델이 될 수 있도록 하는 것이 목표였다.

이러한 목표를 달성하기위해서 전문가의 발표와 미술인의 참여로 강정 대구현대미술제가 나아가야 할 방향과 차별화된 지역미술의 가능성을 찾아가는 시간을 가졌다. 이번 세미나를 통해 강정 대구현대미술제가 의미하는 바가 무엇인지 발제된 내용 중에서 세미나 진행을 맡았던 전시감독의 입장에서 핵심적인 내용을 짧게나마 인용해 본다.

"강정 대구현대미술제의 정체성을 위해서는 지역의 문화적 전통과 역사, 그리고 현실을 기반으로 과거 대구현대미술제의 정신을 살려내는 일이 핵심이 될 것으로 보인다. 그 정신성이란 포괄적인 의미에서 현대미술을 지향하는 것이었고, 그 핵심은 실험성과 전위성의 의지로 축약 할 수 있을 것이다."[32]

"대구현대미술제의 전통을 계승하는 측면과 지난 현대미술가들의 정신을 계승한다는 측면은 이 미술제가 가지고 있는 가장 큰 부담이자 한 편으로는 프리미엄이라고 할 수도 있다. 강정미술제가 해야 할 중요한 일의 한 가지는 현재까지의 경험과 시행착오를 축적하면서 미술제에 내재된 미술사적, 사회적 이슈화의 계기들을 잘 살려내 차별성 있게 아카데믹한 전통으로 발전시켜나가는 일일 것이다."[33]

"강정 대구현대미술제가 전부는 아니더라도 삼분의 일 정도는 자기 주도성을 위한 프로그램이었으면 하는 바람이다. 자기주도성은 지역의 작가는 물론 지역의 미술그룹과 창의적인 담론을 만들어 내기위해 꾸준한 비평적 노력, 관의 자기 주도적 미술정책에서 지역의 작가와 젊은 미술그룹에게 자기주도성을 부여할 '동력을 실어주는 것'으로 가능하다."[34]

"강정 대구현대미술제는 대구현대미술제를 계승 발전시킨것이란 사실에 주목해야 한

---

[32] 김찬동, 「강정 대구현대미술제, 지속가능성의 과제」, 2015 강정 대구현대미술제 학술세미나, 2015.8.14, 발제 중 일부 발췌.
[33] 김영동, 「강정 대구현대미술제가 나아가야 할 방향과 차별화된 지역미술의 가능성을 찾아」, 2015 강정 대구현대미술제 학술세미나, 2015.8.14, 발제 중 일부 발췌.
[34] 최성규, 「자기 주도성을 생산하는 미술제를 꿈꾼다」, 2015 강정 대구현대미술제 학술세미나, 2015.8.14, 발제 중 일부 발췌.

다. 무슨 말이냐면 전시(사실은 전시에 반영된 정신)를 현재에 계승 발전하는 일도 중요하지만, 과거 미술제의 유산도 같이 물려받아야 한다. 바로 아카이브구축과 형성이 이루어져야 한다는 말이 다. 중장기적으로는 이 자료들을 근거로 또 다른 형태의 전시가 이루어지는, 말하 자면 아카이브가 축적되고 그렇게 축적된 아카이브가 전시로 연결되는, 그런 선순환구조가 이루어져야 한다."[35]

"대구현대미술제가 강정 대구현대미술제로 부활한 오늘 새로운 세대의 대구현대미술 작가들 및 전시에 참여한 대구 작가들과 외부 작가들 에게 거는 기대가 크다. 고답한 높이의 위치에너지를 현실 속의 운동에너지로 전환하여 거칠고 왕성한 생성력의 현대미술을 현장에서 부활 시켜야 한다."[36]

휴가철이자 휴일이 겹친 날에도 불구하고 많은 미술인의 참여로 긴장된 분위기 속에서 발제가 진행되었다. 강정 대구현대미술제에 거는 기대가 얼마만큼인지 확인하는 자리가 되기도 했다. 이런 긴장된 분위기 속에서 토론이 진행되면서 중요하게 부각되었던 점은 1970년대 대구현대미술제의 정신적 유산을 강정 대구현대미술제를 통해 계승할 수 있는 자생력과 위상정립에 관한 것이었다. 이 프로젝트가 미래지향적인 발전을 담보하기 위해서는 장소적 특성을 살린 차별화된 개념 정립과 자율성의 확보, 그리고 자기주도성을 생산하는 미술제가 되어야 한다는 점이 발제를 한 미술전문가들의 공통적인 의견이었다.

구체적인 포인트를 제안한 부분에서는 "예술가들의 자발적인 에너지가 결집될 수 있도록 지속적으로 플랫폼을 제공하는 일"(김찬동)과 "감독의 자율성 속에서 본래 현대미술제가 가졌던 정체성을 잃지 않고, 전국 나아가 국제적인 관심의 공유"(김영동)가 필요하고,

---

[35] 고충환, 「대구현대미술제에서 강정 대구현대미술제로, 어떻게?」, 2015 강정 대구현대미술제 학술세미나, 2015.8.14, 발제 중 일부 발췌.
[36] 황인, 「시민의 탄생과 대구현대미술제」, 2015 강정 대구현대미술제 학술세미나, 2015.8.14, 발제 중 일부 발췌.

"과거와 현재 미래의 아카이브를 수집 관리 연구하고 전시로 까지 연계할 수 있는 전용관"(고충환)에 대한 필요성도 피력되었다. 또한 대구현대미술제의 부활과 의미를 주체적 시민의 탄생으로 접근한 시각에서는 "새로운 질서를 받아들이고 타자들과 소통, 공감, 공유가 가능한, 시민이고 작가일 때만이 세계 보편성의 차원에서 만남과 소통이 가능"(황인)하다는 것을 피력했다. 이를 현실화시키기 위해서는 '고답적인 위치에너지를 현실속의 운동에너지로 전환'해서 거칠고 왕성한 생명력을 현대미술의 현장에 부활시켜야 한다고 강조했다. 지난해에 썬데이페이퍼 팀으로 참여했던 작가의 발제는 작가의 운동에너지를 '자기주도성을 생산하는 미술제', 즉 "지역의 청년미술가들의 예술캠프와 그룹간의 교류를 통한 담론 형성을 통해 보는 전시에서 만들어가는 전시"(최성규)로의 청사진을 제시하기도 했다.

전문적인 식견을 가진 미술인들의 바람처럼, 다양한 의견이 반영되어 강정 대구현대미술제가 공공미술의 새로운 장을 열어가는 현대미술제가 되어 지역미술 나아가 한국미술에 신선한 바람을 불러일으키는 대표적인 야외전시로 거듭날 수 있을 것으로 기대한다. 이를 위해서는 전시를 진행하는 행정가와 전시기획자의 입장과 태도의 변화가 무엇보다 필요하다. 변화된 시선으로 변화된 작가의 작품을 보기 위해서는 사고의 전환이 요구되어 진다. 시대적 변화에 따른 새로운 정신적 비전은 변화된 경험과 변화된 세계관을 통해서 가능해 질 수 있기 때문이다.

그래서인지 현대미술은 늘 처음 만나는 사람처럼 낯설게 느껴지는 그 무엇일 수밖에 없는 태생적 한계를 내포하고 있다. 멈추지 않고 흐르는 역사와 문화 속에서 현대미술에 투영된 대구인의 감성 나아가 세계적인 흐름 속에서 동시대의 정신적인 가치를 세계가 공유할 수 있는 오늘의 미술문화는 과연 무엇일까? 아마도 그것은 시대적 흐름 속에서 독창성을 견인하는 작가, 지역적 특성의 미의식을 담고 있지만 세계와 소통 가능한 작품을 만들어 가는 작가에게서 발견할 수 있지 않을까?

껍질을 벗고 도도한 시대의 흐름을 보는 태도에 작은 파장을 던져준 이야기, 몇 년간 대구현대미술제를 기획하기 위해 인터뷰를 했던 내용 중에 여전히 귀에 메아리로 남아 진동하는 내용을 담아본다.

"제가 생각하는 과거의 70년대는 일종의 교과서 같은 것이라고 생각합니다. 하나의 견본이죠. 견본이라는 것은 보고나서 한국의 현대미술 형성에 이런 중요한 문제를 제기 했었구나 라고 인식한 다음에는 버릴 수 있어야 돼요. 왜냐하면 교과서라는 것은 우리가 몇 걸음 더 나아가기 위한 발판으로 작용을 해야 되는 겁니다. 새로운 세대들이 이것을 따르고 쫓는 목표지점이 아니라, 이미 지나간 교과서는 버릴 수 있어야 합 니다. 그래야 새롭게 나아갈 수 있기 때문입니다. 문제는 언제 버릴 수가 있느냐 하는 것인데, 그것은 보다 중요한 카드가 있을 때 버릴 수 있습니다. 우리가 그것을 버리기 위해서 우리 것을 더 잘 알아야 되고 국제적인 예술의 흐름이 무엇인지, 세계 미술이 무엇인지를 더 알아야 된다는 얘기죠. 제대로 나를 알고 세계를 알면 그냥 버리는 것이 아니라 크게 버릴 수 있다는 것입니다. 버릴 수 있어야지 제대로 창의력을 발휘할 수 있을 것입니다."[37]

(3) 작가와 작품

이번 전시에 참여한 작가들의 작품의 내용은 크게 네 가지로 분류할 수 있다. 첫째는 넓게 펼쳐진 광장에 조형성과 재료적 특성의 연구를 통 한 시각적 울림을 전달하는 작품, 둘째는 강정이라는 장소적 특성에 개입해 작가적 시각을 제시하는 방식 그리고 셋째는 디아크 광장을 찾은 지역민이 참여 할 수 있는 상호작용하는 방식이 있고 마지막으로 도시와 자연의 경계에서 인간의 존재방식을 상징하거나 은유하는 설치작품들로 나눌 수 있다.

---

37 장석원 인터뷰, 〈물·빛 강정〉 도록 재인용.

존클레멘트, 〈후디니〉　　　신한철, 〈증식〉
　　　　　　　　　　　정운학, 〈빛의 열매〉

① 울림

존 클레멘트의 〈후디니〉는 6인치의 강철 파이프에 채색을 한 작품으로 공간에 드로잉을 한 것 같은 선적인 효과가 넓은 잔디밭 위에서 그려 져 현대인의 삶을 마치 붉은 색 연필로 정답이라고 체크하듯 긍정의 에너지가 하늘과 맞닿아 있다. **신한철의 〈증식〉** 역시 알록달록한 색상과 구멍이 뚫린 구가 서로를 겹치고 겹쳐 뭉쳐 있지만 형과 색이 서로를 흡수하면서도 그만의 빛을 발하는 형상으로 바람과 빛을 담담히 품고 비운다.

정운학의 〈빛의 열매〉는 스테인레스에

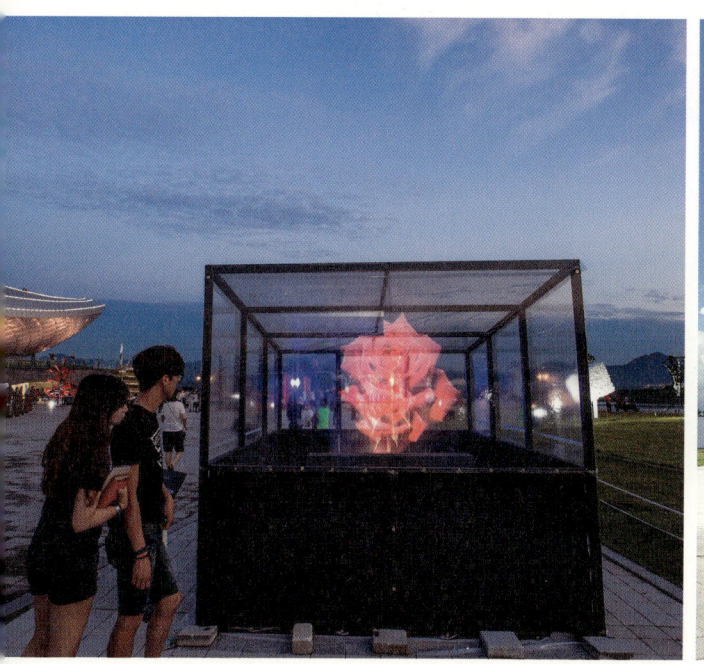 

임창민, 〈꽃〉   백승호, 〈空, 有, 景〉

LED 조명으로 빛의 열매가 달린 거대한 나무조형이다. 강정의 수변공원에 밤을 밝혀 놓아 지친 마음을 밝게 비추는 나무가 되었다. **임창민의 〈꽃〉**은 20여종의 꽃이 개화하는 경이로운 장면을 수증기스크린에 투사하여 아름다운 개화의 순간이 시간이 지남에 따라 사라지는, 생성과 소멸의 정수를 공기와 꽃 이미지의 결합을 통해 보여주었다. **백승호의 〈空, 有, 景〉**은 한옥의 지붕 구조를 정교한 구성으로 마치 공간 속의 풍경, 작가의 말에 의하면 '차경借景'이라는 방식으로 집과 자연의 형태가 담는 만큼 마음의 풍경이 된다.

심준섭, 〈울림〉

김기조, 〈고적〉

 심준섭의 〈울림〉은 시각적인 이미지가 청각적인 효과를 불러일으켜 감상인의 귀에가 닿는 순간 내적인 울림이 외부로 확장되는 경험을 제공한다. **김기조의 〈고적古積〉**은 점토 알갱이를 붙이고 쌓아서 탑의 형상을 만들어 시공간의 결을 건축적인 탑을 통해 무수한 삶의 세월을 농축해 놓았다. **안종연의 〈멈추지 않는 물속의 원〉**은 존재의 원형을 사유하는 시각적 현현顯現, 즉 자기로부터 우주에 이르는 모든 운명이 켜켜이 담겨 있는 유구한 흐름속의 인간의 모습을 형상화 했다.

 이연숙의 〈바람의 공간〉은 강정의 강한 바람이 머물 수 있는 기억의 공간이자, 소소한 일상 속 도시적 삶이 녹아 든 바람의 공간으로 바람을 구축하는 건축적인 선線이다. **김명범의 〈망루〉**는 강정 대구현대미술제가 갖는 의미인 과거와 현재라는 시간적 관망, 즉 가까운 곳과 먼 곳에 있는 시공간적인 의미를 동시에 담아 '오래된 미래'와도 같은 그리움의 크기와 무게를 보여준다.

안종연, 〈멈추지 않는 물속의 원〉 | 이연숙, 〈바람의 공간〉
김명범, 〈망루〉

김윤섭, 〈탈해신선도〉   유성일, 〈삽〉

② 시각

강정에 불특정 다수, 젊은 부부를 중심으로 형성되는 신도시가 인접해 있다. 이러한 공원에 작가들의 삶의 태도가 미술로 용해되어 상징과 은유를 담고 있는 작품 중에서 **김윤섭의 〈탈해신선도**脫懈神仙圖**〉**는 '현대의 신선도'를 그린 설치작업으로 '탈해 – 나태함의 탈피'와 '신선 – 현실에 발을 딛지 못한' 것이 결합된, 소외된 현대인의 공허한 삶과 청년의 삶을 그리고 있다. **유성일의 〈삽〉**은 빛을 투사해 벌레를 유인한 결과물이다. 삽의 의미는 자연과 도시라는 경계에서 노동을 위한 도구를 상징한다.

권재현의 〈포식자〉는 합판 조각을 이어 붙인 소와 사람의 형태로 자연(동물)과 도시(인간)의 관계 설정, 소비사회의 음식문화를 통해 현대사회의 소비구조를 은유하고 있다. **최부윤의 〈동의〉**는 미디어에 의해 진실이 왜곡되고 조작될 수 있다는 지적에 동의하는 방식으로 '나'를 둘러싼 모든 것의 껍질을 벗기고 통찰력을 가지고 보려는 시각을 세상을 향해 몸을 던지는 것으로 설치했다.

김종구의 〈무거운 눈물〉은 광목 속에 갇힌 쇳가루가 중력에 의해 매달려 있는 모습으로 바람, 공기, 비 등을 통해 자루 속의 쇠가 산화해 가는 과정을 보여준다. **육근병의 〈터틀**

권재현, 〈포식자〉	최부윤, 〈동의〉
김종구, 〈무거운 눈물〉	육근병, 〈터를 위한 눈〉

위한 눈〉은 강정 물문화관의 상징적인 건축물에 깜박거리는 소녀의 '눈'을 투사하는 영상설치이다. 이 눈의 의미는 살아 있는 모든 곳에 맑고 순수한 눈이 삶(생성)과 죽음(소멸)을 연결하고 있는 창일 수 있음을 보여준다.

③ 상호작용

다음은 작품과 관람자의 상호작용을 위해 전시된 작품들이다. **탈루 엘엔의 〈소망나무〉**는 마음을 정화시키고 가까운 미래에 소망하는 것을 코인에 담아 나무에 박으면서 소망을 되새기는 방식의 관객 참여를 위한 설치이다. 이러한 시도는 작가의 시선이 우주를 여행하는 시대에도 여전히 기복신앙이 갖는 의미를 생각하게 한다. **박휘봉의 〈유혹〉**은 사과를 베어 문 자리에 도시인의 얼굴을 투영하는 설치물로 정교한 사각의 미러판에 비친 조각난 모습을 통해 눈앞의 현실도 비추는 영상에 따라 다양한 방식으로 왜곡될 수 있다는 것을 보여준다. **슈판 피아오의 〈너와 나〉**는 임신한 여성의 몸, 아기를 품고 있는 거대한 나무 조각을 보면서 배에 설치한 미러판에 비친 '나', 엄마의 뱃속에 태아로 존재했던 '나'가 '너'와 만나는 순간, 생명의 연결고리가 갖는 상호작용의 의미를 생산하는 자리가 된다. **이이남의 〈코뿔소는 왜 밀림에서 쫓겨 났을까?〉**는 밀림이 사라지고 인공적인 자연이 갖는 현대사회의 단면을 코뿔소를 통해 드러낸다. 눈에 불이 들어오는 헬멧을 쓴 코뿔소는 이제 어린아이들이 등에 올라 빨갛고 파란 인공의 놀이동산이 된다. **로컬 포스트의 〈도입시더-강정〉**은 다원예술 그룹으로 참여해 인터렉티브한 영상설치를 통해 지역민의 반응을 이끌어 냈다. 강정의 일상과 생태적인 환경을 반영한 영상은 관객이 돌리는 자전거 회전속도에 따라 느리게 혹은 빠르게 투사되어 시민들의 밤을 밝혔다.

박휘봉, 〈유혹〉 이이남, 〈코뿔소는 왜 밀림에서 쫓겨 났을까?〉
탈루엘렌, 〈소원을 비는 나무〉 로컬 포스트, 〈도입시더-강정〉

④ 경계

도시와 자연의 경계에서 인간의 존재방식을 상징하거나 은유하는 설치작가들의 작품이다. **이하윤의 〈존재〉**는 천 개가 넘는 쌀알로 하나의 입방체를 둘러싼 조형물을 만들었다. 쌀을 모티프로 생명의 존재감을 암시하는 작가는 퍼포먼스와 페인팅 그리고 영상작업에서도 생명의 원 천을 쌀 즉 몸으로 표현하고 있다. 또한 이번 전시를 위해 특별히 제작한 영상인 **〈가까이 그리고 멀리서〉**는 쌀 속에 숨겨져 있는 인류와 문화의 길고 긴 역사의 정신적, 육체적, 정치적 그리고 물질적 순간의 풍요와 고갈의 순환 고리가 쌀을 통해 생명의 소리로 피어난다(5min_vide o Projector_2015, Filmed by Hayoon Jay Lee, Andrew Coffman, Sangjin Kang).

빌프레도 발라더스의 〈가면 벗기기〉는 혼재된 문화와 인종에 대한 상징적인 의미를 고대 마야 문명과 관련된 신화적 의미를 통나무 위에 가면으로 설치해 얼굴과 나무의 유사성과 차이 속에서 밤이면 나무의 내면이 빛을 발한다. **프로젝트 알파**(김문석, 배인수, 최상흠)**는** 세 명의 미술과 건축, 미술과 조각을 전공한 이들로 구성된 그룹이다. **〈12개의 의자〉**는 구조적 측면에서 인간에게 휴식을 제공하는 의자이면서 동시에 12가지의 사유를 담은 의자로 그것은 '나'이자 '너'를 만나는 장소이자 부재를 통해 존재를 보는 사유의 그릇이다. **김영섭의 〈붉은 나무〉**는 붉은색 라바콘(붉은 삼각뿔 모양의 교통통제 경계표시)으로 나무모양을 한 소리 설치물이다. 가까이 다가가면 어떤 곤충의 소리를 암시하는 사운드가 들린다. 컴퓨터를 통해 인위적으로 만들어진 기계음이 생명을 가진 곤충의 소리로 들리기도 하는 착각이 발생한다, 이는 우리의 오감이 얼마나 진실에 가까울 수 있을까를 생각하게 한다.

23명의 아티스트와 2개의 팀이 참여한 2015 강정 대구현대미술제 '가까이 그리고 멀리서'는 한 달간의 전시로 막을 내렸지만 깊은 여운과 발전적인 과제를 남겼다. 그 깊고 넓은 그리고 가깝고 먼 이야기가 돌고 돌아서 내년 또 그 후년에도 삶과 예술의 경계를 가로지르며 시각적 울림과 상호작용 하는 문화적 삶의 전초 기지가 되기를 바래본다.

이하윤, 〈존재〉

빌프레도 발라더스, 〈가면 벗기기〉

프로젝트 알파, 〈12개의 의자〉

5) '5'[38]

(1) 다섯 번째인 5

강정 대구현대미술제는 2012년 '강변 랩소디', 2013년 '강정간다', 2014년 '강정에서 물·빛', 2015년 '강정 가까이 그리고 멀리서' 라는 주제로 네 번의 전시가 이루어 졌다. 그리고 2016년인 올해는 다섯 번째라는 의미에서 숫자 '5'를 타이틀로 28명의 작가들이 참여해 미술축제를 펼쳤다. 2016 강정 대구현대미술제의 숫자 '5'가 갖는 의미는 1970년대 대구현대미술제가 1974년부터 79년까지(74, 75, 77, 78, 79년) 5회까지 열렸던 것에 대한 경의이자, 재탄생의 의지를 실현했다는 의미도 포함된다. 나아가 이번 강정 대구현대미술제를 기점으로 삶과 예술이 만나는 곳에서 다양한 예술적 비전의 실천을 위한 숙원도 담겨있다.

강정은 낙동강과 금호강이 만나는 강변에서 시작했던 1970년대, 청년예술가들의 도전정신이 깃든 곳이다. 40년이 지난 지금은 도시의 확장으로 인공적인 것과 자연적인 것의 경계에 놓인 공원으로 변했다. 그래서 지금의 강정은 같은 장소지만 같지 않고, 다르지만 같은 곳이기도 하다. 70년대와 지금은 자연도 도시도 급속한 발전 속에서 그 때의 산천이 아니 듯, 그 당시의 사람도 세월의 흐름만큼 변했다. 당연히 미술도 보고 느끼고 표현하는 방식이 다변화 되었다. 이러한 변화는 해를 거듭할수록 강정 대구현대미술제가 가야 할 방향이 지금의 삶 속에서 어떻게 호흡해야 할 것인지에 대한 진지한 질문을 필요로 한다.

그 질문은 어떤 의미를 전제하기보다는 작품을 만들고 매개하고 보는 이들이 스스로 의미를 생산할 수 있게 하는 것에 보다 초점을 맞추는 것이다. 그래서 전제된 주제가 주는 무게감을 줄이고, 전시에 참여하는 작가가 바라보는 장소성에 대한 시각을 열어가는 것에 주안점을 두고 진행한 전시였다.

---

[38] 제5회 강정 대구현대미술제 "5" 전시주제, 전시감독 김옥렬, 2016.

(2) 강정의 담금질

강정 대구현대미술제의 '5', 2012년부터 매년 여름보다 더 뜨거운 열정이 담긴 미술품을 강정에 심고 나아가 지역민의 마음에 심기 위한 담금질을 해 왔다. 삶의 공간에 예술이 다가서서 창작과 감상이 서로서로를 다져가는 담금질이다. 같지만 다른 다섯 번의 만남, 삶속에 있는 예술과 예술 속에 있는 삶이 만나 서로를 다져 몸도 마음도 단단해진다.

강정 디아크The ARC 광장에 펼쳐진 작품들은 여름 한낮 작열하던 태양 아래 위풍 당당 감성의 오아시스가 되었다. 삶과 예술이 만나는 곳에는 도시인의 감성생태도 살아 숨 쉰다. 사계절의 변화처럼 강정의 여름은 삶과 예술로 몸도 마음도 피고 지는 시간이었다. 그렇게 강정에 설치되었던 작품은 여름 한철, 밤과 낮을 품고 새로운 인연의 시간을 가졌다. 뜨거운 여름 한낮, 시원한 강바람 속에서 마주친 낯설거나 익숙한 작품은 창작의 열정에 녹아든 그만의 색과 형으로 강한 바람과 비, 뜨거운 햇살과 하늘 무엇보다 수많은 사람들의 삶을 품었다.

도시와 인접한 강정 디아크 광장은 낙동강과 금호강이 만나는 곳이고, 강 따라 습지가 형성되어 있다. 강정은 도시와 자연이 밀접하게 연결되어 있는 도시공원이다. 도시공원에서 가장 중요한 것은 자연생태에 인간의 감성이 결합되어 문화생태의 터전을 만드는 일이다. 사람이 사는 곳에는 물이 있고 문화가 있다. 물은 자연생태의 근원이고 예술은 감성생태의 원천이다. 감성생태를 위한 미술제는 삶의 생태를 위한 것이다. 그것을 도시인人과 자연然이 결합된, 일명 '인人+연然'이라 할 수 있다. 강정은 '인 더하기 연'이 만들어 가는 장소이다. 이번 강정 대구현대미술제는 인간과 자연의 관계를 다양하게 지각하는 장소였다. 무엇보다 삶의 꿈과 예술의 꿈이 생생하게 호흡하는 전시였다. 올해 참여한 28인의 작품이 딱딱한 껍질을 벗고 말랑말랑한 사고로 자유롭게 유영할 수 있었던 작품들을 소개한다.

(3) 작가와 작품[39]

베른하드 드라즈 Bernhard Draz, 〈잊혀진 단어Forgotten Words Project〉

'잊혀진 단어'는 디아크광장 내 스테인리스 금속 조각으로 만든 동일한 의미를 지닌 한글과 독일어 단어의 설치물이다. 각각의 단어는 서로 같거나 다른 의미를 지닌 채 불규칙한 형태로 분절 혹은 연결되어 있다. 독일과 한국의 언어가 갖는 차이 속에서 하나의 단어는 다른 단어와 함께 놓여 각자의 의미망을 구축한다.

게오르그 클라인 Gerog Klein, 〈심화 차음장치Deep Difference Unit〉

이 사운드 설치작품은 음성 심리학적인 현상 중 하나인 심화 차음장치를 통해 5개의 특별한 한국 고유의 차음, 투명하며 가상의 세계에 존재하는 다섯 가지의 각기 다른 파동형태 그리고 서로 다르지만 굉장히 유사한 성질을 지닌 두 개의 측면을 만들어낸다. 가장 깊이 있는 한국적 차음이 38Hz로 양면성을 지니고 있으며, 기타 차음은 조금 더 평화로운 음을 띈다.

슈판 피아오 Shoufan Piao, 〈연인Couple〉

연인은 수많은 사람 속에서 서로 함께 세상을 보고 느끼고 감각하는 사랑하는 사람이다. 맹자孟子의 성선설性善說은 선한 인성을 말한다. 이 작품은 나무를 보고 느끼며 그 속에 내재된 선한 아름다움, 선한 생명의 조화를 하나인 둘 혹은 둘이 하나인 연인을 나뭇결 속에서 찾아낸 것이다.

장 야닝 Yaning Zhang, 〈부정기적 경계不確定的边界(The indeterminate boundary)〉

사람들은 자아를 찾기 원하며, 긍정적 자아와 부정적 자아에 대한 확인을 한다. 개인은

---

[39] 작품에 대한 설명은 작가노트의 일부를 발췌 혹은 윤문한 것으로 전시 기간에 홍보자료에 배포되었던 글임.

베른하드 드라즈, 〈잊혀진 단어〉
게오르그 클라인, 〈심화 차음장치〉
장 야닝, 〈부정기적 경계〉
슈판 피아오, 〈연인〉

외로운 행성과 같은 존재이다. 삶은 이상과 현실, 고독과 열망이 서로를 끌어당기며 상호작용을 한다. 이 작품은 참과 거짓, 허와 실 그리고 부정기적 경계와 자아 등 인간의 본성에 관한 것이다.

리에 가와카미Rie Kawakami, 〈관점의 빛 2016Perspective Light 2016〉

이 작품은 빛에 대한 고찰이다. 추상적인 형태는 빛이 투명한 건물의 위쪽 창문에서 들어오는 경로를 그리고 있다. 꼭대기에 있는 직각형의 틀이 땅바닥의 큰 직각형의 틀과 빛으로 이어져 있다. 꼭대기의 틀은 창문 밖에서 일어나는 상황에 대한 인상을 나타낸다. 한편 바닥의 직각형 틀은 특별한 의미를 지닌 틀의 안, 즉 내부공간에 들어 온 빛을 의미한다.

유헤이 히가시가타Yuhei Higashikata, 〈다리Bridge〉

이 작품은 두 명의 인물에 집중하고 있다. 한국의 도깨비와 일본의 요괴(덴구)인데, 둘 사이에서 유사한 점을 찾을 수 있다. 두 가지 인물 모두 근원은 정확히 밝혀지지 않았지만, 물활론 또는 민간 신앙으로부터 유래하였다. 이번 전시작품은 다양한 일상 물건이 작품으로 이어져 있고, 이는 두 나라 사이의 다리를 의미한다.

고경호Kyongho Ko, 〈투영 – 피난처Reflection-shelter〉

'투영 – 피난처'는 시점이 변화된 공간을 감각하는데 초점을 두었다. 그것은 나와 대상 간의 관계 속에서 익숙함과 낯선 것이 동시에 작동하는 미세한 감각작용을 발견하는 장소이다. 이 장소란, 몸과 정신 혹은 몸이 놓인 장소에 대한 감각 작용에 대한 지각과 감각의 재발견이 이루어지는 시간이자 장소이다.

유헤이 히가시가타, 〈다리〉

리에 가와카미, 〈관점의 빛 2016〉

고경호, 〈투영-피난처〉

곽 훈Hoon Kwak, 〈무제Untitled〉

이번 전시작은 닭을 운반하는 닭장cage과 한 끼의 식량이기도한 라면에 관한 것이다. 이것은 공존할 수 없는 공존이 주는 긴장감과 기성품Readymade의 시각적인 에너지를 담고 있다. 이러한 관계가 갖는 상황적 의미를 자유롭게 유추하는 것은 감상자의 몫이다.

곽 훈, 〈무제〉

김계현Gaehyun Kim, 〈쇼핑백 – 백남준, 보이스, 케이지, 트로켈, 워홀, 리히텐슈타인을 담다〉

이 작품은 직접 개발한 블록으로 20세기 미술가의 상징적 작품들을 조립블록으로 표현한 작품이다. 비디오 아티스트의 텔레비전, 개념미술가의 기름덩어리 의자, 전위 예술가의 피아노, 페미니스트의 여성성, 팝아트의 대중스타와 만화 아이콘을 쇼핑백에 담아 선물을 한다는 의미를 담고자 했다.

김기조Kijo Kim, 〈세상사be worldly〉

삶의 애환과 희로애락을 12지간으로 표현했다. 얼굴은 각 동물의 모습을 하고 있지만, 몸은 갑옷을 벗고 우리의 전통 의상인 한복을 입고 즐겁게 말뚝놀이를 하는 모습이다. 12지간의 다양한 표정과 행동으로 삶의 의미와 인간의 내면세계를 보여주고 있다.

김생화Saenghwa Kim, 〈곤충오케스트라〉

도시 안에서 자연과의 동화를 꿈꾸는 이 작품은 곤충의 소리에서 영감을 얻어 의인화한 오케스트라의 일부이다. 곤충이 소리와 악기의 울림을 결합한 이미지가 악기를 연주하는

김계현, 〈쇼핑백-백남준, 보이스, 케이지, 트로켈, 워홀, 리히텐슈타인을 담다〉   김기조, 〈세상사〉
김생화, 〈곤충오케스트라〉

강정, 과거의 미래

곤충으로 만들어 졌다. '곤충오케스트라'는 동화적인 상상력으로 자연의 소리와 공명하는 것이다.

김숙빈Sookbin Kim, 〈등산화와 스틱〉

이 작품은 등산화와 지팡이에 밟히고 찍힌 도롱뇽을 생각하면서 만든 벤치이다. 벤치는 밟히고 찍히면서도 일상의 휴식을 위한 쉼터를 제공한다. 어쩌면 무심코 지나친 행동에도 자연은 위기감을 느낀다는 것을 망각하고 살아가는지도 모른다. 도롱뇽과 인간이 함께 공생 공존하는 삶을 꿈꾼다.

김학제Hak-J Kim, 〈미래서정 - 인류보고서future lyricism - report of human〉

이 작품은 놀라운 속도로 진화하고 있는 디지털시대에 인간애에 대한 성찰을 상징한다. 작품의 중앙에 최첨단 과학의 상징인 로봇이 지구본의 고리 안에 인류의 상징인 아기를 들고 있으며 받침대의 거울엔 우주의 상징인 하늘을 투영하고 있다.

남진우Jinwoo Nam, 〈관문 - 투과되는 경계Gate - Penetrated Boundary〉

'관문 - 투과되는 경계'는 외피가 벗겨진 채 밖이 안으로 투영된 모호한 경계이다. 이것은 존재하는 것을 분리시키는 경계인 동시에 안과 밖이 하나로 연결된 통로가 되기도 한다. 이는 상황이나 장면 혹은 존재하는 모든 것에 대한 그 어떤 경계에 대한 작가의 표현이다.

노병열Byungyeol No, 〈흐름Flow〉

자랄 수 없는 주전자가 자라는 듯, 비정상적인 모습(변종)은 오랜 기다림과 느림의 결정체이다. 주전자를 자라나게 하는 것은 담그고 마르는 과정을 반복하는 것이다. 성장한 것은 결국 소멸에 이르고 또다시 새로운 것으로 생성 변화한다는 자연의 순환 법칙을

김숙빈, 〈등산화와 스틱〉
김학제, 〈미래서정 – 인류보고서〉
남진우, 〈관문 – 투과되는 경계〉 | 노병열, 〈흐름〉

생각해보는 과정의 작업이다.

노주환Juhwan Noh, 〈가는 말이 고와야Nice words for nice words〉

일상의 번잡함을 뒤로하고 잠시 강정 둑에 나와 바람을 맞으며 흐르는 강물을 굽어본다. 그러다 문득 지나가는 말들과 마주한다. 풍경이 된 말들은 평범한 우리의 일상을 일깨워 아름다운 삶을 길어 올릴 수 있는 경험을 채집한다.

문 주 Joo Moon, 〈소통Communication〉

강정 고령보를 찾은 일반인들이 쉬며 대화할 수 있는 평상을 제작하였다. 평상은 여름 저녁 마주앉아 두런두런 이야기를 나누던 시절의 문화 공동체의 상징이다. 이러한 상징은 이제 시·지각적, 예술적 가치와 사회적 가치, 혹은 물리적 기능 사이의 경계에 대한 질문으로 마주한다.

박형진Hyungjin Park, 〈오렌지 트리orange tree〉

이 작품은 혼재된 중의적 이미지를 통해 고정된 판단에 의한 정의를 경계한다. 이것이 꽃일까 혹은 폭발하는 이미지인가 등등, '오렌지 트리'는 그 어떤 구체적인 형상에 귀속시키지 않고 심리적 여백을 통해 감상하는 사람으로 하여금 자기만의 해석을 만들어 가는 것이다.

노주환, 〈가는 말이 고와야〉
문 주, 〈소통〉
박형진, 〈오렌지 트리〉

강정, 과거의 미래

신성환Sunghawn Shin, 〈제7의 봉인The Seventh Seal〉

낙동강에 인접한 디아크 광장 곳곳에는 총 일곱 가지의 다양한 식물이 관객의 적극적인 참여를 기다린다. 이 식물들이 전시회 기간 동안 살아남을 수 있는 유일한 방법은 관객들의 [QR코드를 통한 설문 참여]이며 설문에서 주어진 문제를 답해야만 비로소 생명의 원천인 물을 공급 받을 수 있게 된다.

오태원Taewon Oh, 〈강정의 물방울Drops of Gangjeong〉

물방울 속 안에는 수많은 (삶의)눈물이 담겨있다. 물은 매우 유동적이며, 어떠한 틀이 없이는 형태를 구축하지 못한다. '강정의 물방울'은 온 우주를 헤매다 마침내 정착한 새벽녘 나뭇잎 끝에 매달린 낙하하기 직전의 물방울일 수 있으며, 강정의 역사를 고스란히 안아 승화시킨 꿈의 물방울이다.

이명미Myungmi Lee, 〈당신에게 : 나로부터To you : From〉

택배상자 하나, 자연의 풍경 그리고 사랑과 우정 등 수많은 생명(하트)이 밝고 따뜻한 색의 빛에 나의 모습을 담아 당신에게 보낸다. 강과 강이 만나고 사람과 사람이 만나는 강정의 강렬한 여름 속에서 연인끼리 가족끼리 서로서로 가슴으로 나눌 하트가 담긴 택배상자 하나, 당신에게 보낸다.

신성환, 〈제7의 봉인〉
오태원, 〈강정의 물방울〉
이명미, 〈당신에게 : 나로부터〉

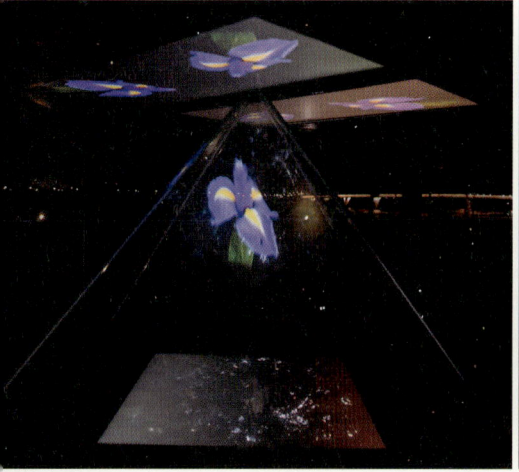

강정, 과거의 미래

이상헌Sangheon Lee, 〈어린 시절Memories of childhood〉

흔들리는 목마는 유년시절의 기억이다. 겁이 많았던 나를 위해 함께 목마를 탄 아버지에 대한 기억이 여전히 선명하다. 중년이 된 나의 기억 속에 고인이 되신 아버지는 가끔 흔들 목마를 타고 나타나 내게로 온다. '어린 시절'은 아버지에 대한 놓치고 싶지 않은 기억이다.

이성웅Soungung Lee, 〈흰수염고래blue whale〉

'흰 수염고래'는 지구상에서 가장 큰 생물이다. 크고 강하지만, 이 동물은 그저 바다를 헤엄치고 부유생물을 먹으면서 살아간다. 이번 작품은 강한 이미지가 주는 보이는 것과 보이지 않는 것, 그 이면에서 자연의 순리를 따라 살아가는 흰 수염고래를 통해 인간의 삶을 생각해 본다.

이원경Wonkyung Lee, 〈구름 속에서〉

꿈을 총칭하는 베개에 다양한 사람들이 눈을 감고 잠을 잔다. 그 잠의 무게에 눌린 베개는 다양한 형태를 갖추고 있다. 이것은 실체가 전제된 부재, 즉 실체는 없지만 양각의 베개와 음각의 얼굴이 결합된 이미지이다. 이 결합은 꿈과 실재가 결합된 존재방식, 즉 비움과 채움, 부재와 존재가 교차되는 음양의 미학이다.

이택근Taekkeun Lee, 〈무제untitled〉

현상, 인식, 관념에 대한 의문, 회의는 내 사고의 밑바닥에 흐르는 가장 핵심적 요소라고 할 수 있다. 즉 실물이 아닌 가짜의 물체를 제작하는 작가의 눈속임 혹은 거짓말과 관객의 착각이라는 일종의 상호작용을 통해 일상의 관념에 대한 질문을 담고 있다.

	이상헌, 〈어린 시절〉
이성웅, 〈흰수염고래〉	이원경, 〈구름 속에서〉
	이택근, 〈무제〉

임도훈Dohoon Lim, 〈불 밭에서 핀 꽃〉

밤하늘의 별들을 보며 난 하나의 작은 존재라고 생각하게 된다. 그러한 순간에 삶은 허무하고 무기력하며 불안하고 겸손해지지만, 또 수많은 별들을 보면서 꿈을 꾸곤 한다. '불 밭에서 핀 꽃'은 별빛을 모으듯 생명의 탄생과 소멸 사이에서 발생하는 불안과 자존을 불꽃으로 연결하는 것이다.

임도훈, 〈불 밭에서 핀 꽃〉

정득용T-yong Chung, 〈지문Fingerprint〉

나의 관심은 시간과 시간 사이의 거리와 공간과 공간 사이의 공백을 없애는데 있다. 그것은 과거와 현재, 동양과 서양의 벽이 없어지고 비현실의 환영을 제거하고 영원한 현재의 순간을 만들기 위한 것이다. 이 작품은 박스 형태로 시간과 공간을 초월한 축조된 박스화석이다.

최찬숙Chansook Choi, 〈빛의 흐름FLOW SPECTRUM〉

가장 미세한 물리학계의 입자(Particle)는 바람에 따라 동·서로 움직이다가 서서히 중력 함수 값에 의해 충돌함과 동시에 같은 힘으로 퍼져 나간다. 입자의 움직임들은 파동이 되어 자연의 가장 기본이 되는 음양의 운행과 원리에 맞춰 재생과 순환에 관한 근원적 움직임을 제시한다. 현실과 상상의 세계, 그 경계에 서서 호흡을 나누는 시간을 가지고자 했다.

정득용, 〈지문〉
최찬숙, 〈빛의 흐름〉

(4) '5' 그리고 이후의 비전

2016 강정 대구현대미술제 '5'는 의식과 무의식의 경계 속에서 무한히 열린 상상과 꿈의 세계를 향한 다섯 번의 걸음을 내디뎠다. 선입견을 벗겨 잠재된 꿈을 만나는 시간, 이러한 만남은 주어진 현실을 보다 창의적인 생각으로 변화시켜 자신만의 삶과 예술을 발견하는 힘일 것이다. 자연과 인접한 도시에서 예술의 향기를 경험하는 것은 사막에서 샘물을 얻는 것에 비유할 수 있을 것이다.

이제 강정은 어제와 오늘, 낮과 밤의 변화 속에서 그 깊고 오묘한 경계를 뚫어내는 작품들로 하나의 경험이 다수의 경험을 만들어 가는 곳이 되고 있다. 강정 대구현대미술제는 일상에 매몰된 잠재의식 혹은 무의식 속에 숨겨진 '또 다른 자아'를 발견하는 감성생태가 확장되는 장이다. 감성생태는 몸과 마음의 자연이다. 자연과 인간 생명의 근원인 물과 예술은 문화의 원천이다. 자연을 대하는 우리의 감성은 "샘이 깊은 물은, 가뭄에 아니 그칠 새, 내가되어 바다에 가나니"(용비어천가 제2장)처럼, 강이 바다로 흐르듯 넓고 깊다.

2016년의 삶은 자연과 인간의 관계를 지각하는 방식이 달라지고 소통을 위한 감각의 생태도 바뀌면서 미술의 생태 역시 변화를 겪었다. 21세기를 4.0산업의 시대라고 한다. 일명 '메이커 운동Maker Movement'이라고 일컬어지는 새로운 시대에 살고 있다. 메이커 운동은 스스로 필요한 것을 만드는 사람Maker들이 정보를 공유하고 실천하고 발전시키는 것을 통칭하는 말이다. 지금은 누구나 생산의 주체가 될 수 있는 시대라는 것이다. 세계를 향해 무한히 열린 시대, 오픈 소스의 시대는 새로운 방식의 소통과 진화를 꿈꾼다.

2016년은 붉은 원숭이해丙申年다. 그 의미처럼 강정 대구현대미술제의 '5'는 열정과 지혜로 꿈과 희망의 메시지를 나누는 시간이었다. 2017년 강정 대구현대미술제, 여섯 걸음 그리고 일곱 여덟, 한발 한발 내 딛는 걸음걸음이 강정 대구현대미술제만의 문화생태로 대구뿐 아니라, 한국 현대미술의 대표적인 미술축제의 장으로 잠든 감각을 일깨우는 예술 생태계를 만들어 가길 기원한다.

다섯 번의 강정 대구현대미술제가 64일 동안 진행되었다. 전시 설치기간을 더하면 70일이 넘는 날들이다. 야외에서 하는 전시가 기간이 길어질수록 작가를 섭외하면서 실험성보다 재료적인 부분에서 자유로울 수 없다. 강변에서 불어오는 강한 바람이나 그늘이 없는 곳에서 장시간 강한 햇살을 받아야 하기 때문에 작품의 재료나 무게 등등에 많은 신경을 쓰게 된다. 2016 강정 대구현대미술제는 국내 20인, 베를린과 밀라노에서 활동하는 국내작가 2인, 일본 2인, 독일 2인, 중국2인을 합쳐 모두 28명의 작가가 참여한 미술축제였다.

전시준비로 칠월 초부터 추석까지 포함해 여름 한철을 강정 디아크 광장을 오가며 보냈다. 외국에서 온 작가의 경우 작품을 대구에 와서 완성하게 되어 작업을 마무리 할 수 있는 시간과 장소에 대한 필요성이 요구되었던 해이기도 했다. 이점은 70년대 강정에서 이벤트가 이루어지면서 일본에서 활동하는 작가들이 많이 참여해서 한국과 일본 간의 국제 교류가 가능했었다. 4대강 살리기라는 국가적인 프로젝트가 진행되어 강변에 인공적인 공원이 조성되면서 많은 사람들이 찾는 곳이 되었다.

지역민 뿐 아니라, 타도시의 사람들도 많이 찾아오고 해외관광객까지 다녀가는 곳이라, 강정이라는 장소에서 21세기형 야외미술의 비전을 실천해 가기 위해서는 국내뿐 아니라 외국의 작가들이 다수 참여해 지역의 장소가 갖는 의미를 넘어서 국제교류를 통한 위상정립이 필요한 시점이다.

물이 있고 나무가 있고 또 모래가 있는 더 넓은 강변에서 가슴을 활짝 펴고 몸과 마음이 통하는 곳에 청년 정신이 뿌려졌던 곳, 젊은 예술가들이 가슴을 활짝 펴고 이벤트를 벌였던 강정이 여름밤이면 수많은 인파로 북적이는 도시공원이 되었다. 이처럼 지금의 강정 디아크광장은 가족과 연인이 산책을 하거나 휴식을 취하기 위해 찾는 곳이다. 이렇게 자연과 사람이 만나고 삶과 예술이 만나 21세기형 감성생태가 만들어 지는 곳, 강정에서 지역을 넘어 전국적으로 또 국제적으로 예술을 통한 다양한 교류가 이루어 질 수 있기를 바란다.

강정 대구현대미술제가 대표적인 미술축제로 나아가기 위해서는 문화산업과 전시의 역할은 보다 더 중요해 질 수밖에 없다. 그리고 과거에 집착하기보다 '지금 여기'를 묻는 전시로 청년작가를 발굴하고 실험적인 창작을 펼칠 수 있는 전시 시스템을 만들어 가야한다. 이를 위해 4차 산업의 시대에 전시의 역할이 무엇인지 생각해 본다.

3. 21세기 문화산업과 전시의 역할[40]

1) 들어가기

21세기 문화가 어떤 방식으로 변화될 것인가? 이러한 물음에 구체적인 답을 제시할 수 있는 사람이 있을까. 문화산업이 빠르게 재편되는 현실 속에서 전시를 기획하거나 관람을 하면서도 어디서 오는지 모를 두려운 감정에 사로잡히곤 한다. 솔직히 나는 요즘 신문이나 텔레비전 뉴스를 보면서 정서적인 불안감을 넘어 정치와 사회 문화가 재편되는 기준에 대한 불신으로 박탈감이나 소외감을 느낄 때가 종종 있다. 대부분의 현대인이 경험하는 가장 큰 공포감은 불특정 다수가 피해자가 되는 현실에 놓여있다는 것이다.

과학은 이제 편리함을 넘어 통제할 수 없는 지점으로 달려가고 있음을 막연하게나마 직감한다. 스마트 폰을 들여다보는 시간이 가족이나 친구를 만나 대화를 나누는 시간보다 길다. 한집에 있어도 폰으로 대화를 하거나 모임에 나가서도 얼굴을 마주하고 있지만 반쯤은 휴대폰을 보고 있다. 스마트 폰은 엄청난 속도로 대화의 단절과 초개인주의 사회로 재편해 간다. 지금 청소년들은 세상을 자신의 눈으로 보는 것이 아니라, 스마트 폰을 통해서 보게 된다. 모르는 것이 있으면 부모님이나 선생님이 아니고, 인터넷이나 스마트 폰에서

---

[40] 김옥렬, 21세기 전시와 큐레이터의 역할에 대한 세미나, 누스페어동시대미술연구소 학술세미나 발제문.

정보를 얻거나 찾는다.

보는 것이 믿는 것Seeing is believing이라는 말이 있다. 이 말은 19세기 사실주의 그림을 추구한 쿠르베를 떠올리게 한다. 그는 "내가 천사를 그리기를 원한다면 내게 천사를 보여달라"고 했다. 천사를 그리지 않겠다는 이유가 천사를 본적이 없기 때문이라는 것도 있지만, 현실 너머의 세계보다 바로 지금여기 이곳에서 살고 있는 현실을 그리겠다는 의미를 담고 있다. 앵그르와의 '천사논쟁'은 당시 틀에 박힌 미에 대한 쿠르베의 비판이 포함되어 있다. 이처럼 쿠르베가 취한 예술가로서의 태도는 범주화된 미의 규칙, 박제된 미를 버리고 생생하게 살아 있는 현실적인 시각이자 삶을 바라보는 화가의 정직한 태도에서 나온 것이다. 그러한 태도의 바탕에는 시대를 인식하는 주체의식으로 허구가 아닌 진실을 보려는 실존적인 삶을 향한 의지가 담겨있다.

확실히 쿠르베는 보이지 않는 것이 아니라, 보고 느끼는 현실을 그리고자 했다. 이후 19세기 사실주의는 인상주의를 낳고 도도한 시대적 흐름 속에 역사가 되었지만, 그 정신은 모더니즘 미술을 탄생시킨 토대가 되었다. 이후의 미술은 애벌레가 나비가 되는 것처럼 스스로 껍질을 벗고 변태를 하듯, 벽을 뚫고 나오는 치열한 투쟁의 역사 속에서 평면 회화도 입체 조각도 아닌 제3의 오브제 미술을 탄생시켰다. 이 오브제미술이 바로 산업화의 산물에서 발견된 너무나 당연한 일상용품, 그것은 마술도 주술도 아닌 바로 기성품 그 자체가 예술품이 되는 기막힌 역설, 그 역설의 역사가 탄생하고 이후 100년, 지금여기 이곳에서 논의 되는 예술의 얼굴, 민낯을 어찌 말해야할까.

오브제 미술은 근대적 의미의 일루전과는 구별되는 실재성에 대한 탐구였다. 이를테면 이제 미술은 더 이상 이미지에 집착하기 보다는 적극적으로 대상과 이미지 사이에서 발생하는 인습적인 관계에서 벗어나려는 몸부림의 결과였다. 그 결과 현실은 원초적인 상태로 환원되는 지점까지 갔다. 이러한 노력의 역효과인가.

21세기, 정확히 2016년을 사는 지금은 진짜보다 더 진짜 같은 가짜가 만들어 지고, 원본도 없이 복제가 가능한 시대를 살고 있다. 비싼 작품은 생존 작가의 작품이라고 해도

위작이 만들어 지고 또 대중적인 유명세를 이용해 손안대고 코풀고, 차려진 밥상에 숟가락만 올려놓는 소위, 돈 되는 곳이면 어디든지 판을 벌인다. 21세기의 미술은 미술 없는 미술시장, 시장미술의 시대라고 부르기를 주저하지 않는다. 시장이 미술을 주도하는 시대에 전시가 갖는 의미와 큐레이터의 역할은 과연 무엇일까.

2) 21세기 문화산업, '지금 여기'를 묻는 전시

세상이 아무리 발전하고 우주 도시를 건설하는 시대가 현실이 된다고 해도 눈으로 본다는 것이 얼마나 중요한 일인가. 엑스레이, CT, MRI 등 영상의학은 우리의 신체 내부를 찍고 보기위한 기술로 진화하고 있다. 이러한 과학의 발전은 인간의 뇌까지 읽고 보고 조정하는 단계까지 가고 있다.

오늘날 현실세계를 가상세계로 보완해주는 증강현실은 눈으로 보는 실사에 3차원 가상 영상을 겹쳐서 현실과 가상이 모호한 상태에서 실제로 인식하는 컴퓨터 그래픽이다. 컴퓨터 그래픽이지만 현실 환경으로 인식하는 증강현실이다. 실재와 가상이 결합된 증강현실은 스마트폰이나 네비게이션으로 생활 속에서 다양한 방식으로 접하고 있는 입체영상이다. 예를 들면, 가구를 구입하기 전에 가상으로 가구를 주택에 비치하거나, 교과서를 3D로 이미지화해서 집중도를 높일 수 있다. 번역 애플리케이션은 스마트폰으로 촬영한 문자나 문장을 번역한다. 증강현실은 인간의 상상보다 더 빠른 속도로 우리의 눈앞에 실재와 가상을 구분하기 힘든 세상을 보여주고 있다.

이러한 증강현실의 진화가 미술에는 어떤 영향을 미칠까. 실재와 가상이 결합된 제3의 지대, 어쩌면 실재도 아니고 가상도 아닌 모호한 제 3 의 현실, 가상과 현실이 중첩되고 혼합된 현실은 21세기 뉴 미디어에서 잘 드러나고 있다. 현실을 어떻게 보고 느끼는가에 대한 작가적 태도가 뉴미디어 아트를 통해 어떻게 시각화되어야 할 것인가. 21세기의 현실을 예견했던 새롭지만 진부할 수도 있는 보드리야르Jean Baudrilard가 예견한 '시뮬라시

옹Simulation', 즉 파생현실, 파생실재는 이미 일상에 깊숙이 들어와 있다.

지금 우리는 '현실'과 '현실복제'가 구별되지 않는 파생실재의 시대를 살고 있다. 이러한 현실을 원본보다 더 원본 같고, 진짜보다 더 진짜 같은 가짜, '과도현실'의 시대가 일상이 되었다. 이 과도현실은 더 이상 흉내 낼 대상이 없는 이미지, 원본 없는 이미지가 그 자체로 현실을 대체하고, 현실이 이미지에 의해서 지배 받는 시대이다. 이 파생실재의 시대는 보는 것도, 믿는 것도 파생 공간 속에서 조합된 합성물이다. 이러한 파생실재의 시대, 원본과 모사물의 구별이 어려운 시대에 전시의 의미는 무엇일까.

급속한 성장, 빠르게 변하는 속도의 시대, 시공간을 뇌가 인식하기 전에 혹은 체화될 여지없이 떠도는 이미지의 중첩과 모순 속에서 순수한 예술의 가치를 논하기란 불가능한 시대를 살고 있다. 이러한 변화무쌍한 시대, 새로운 사회와 새로운 가치관의 정립에 필요한 예술은 무엇이고 어떤 것이어야 할까. 이러한 물음에 우선적으로 미래 사회를 대비한 삶의 질과 인권을 담보한 전시기획, 이번 강연의 주제이기도한 '21세기 문화산업으로서의 전시의 역할'이 무엇인지 생각해 보는 시간을 가지고자 한다.

삶의 질에 대한 불균형은 금수저, 흙수저 론을 야기했다. 21세기 전시의 방향은 삶의 불균형이 만들어 내는 모순과 부조리에 대한 질문과 응답에 관한 시각적 비전이 전제되어야 할 것이다. 19세기 산업화 속에서 쿠르베가 천사를 그리지 않겠다는 울림은 21세기 문화산업의 시대에 다시금, 실재를 대체하는 가상현실의 시대, 21세기형 문화산업의 변화 속에서 현실을 인식하는 작가적 태도가 요구되어 진다. '지금 여기'는 영혼이 아니라, 몸의 구제가 필요한 사회이다. 진짜보다 더 진짜 같은 가짜가 소비되는 사회에서 몸의 구제는 어떻게 가능할 것인가.

우리의 몸은 다양한 이미지로 재생산되면서 소비를 불러일으키는 이미지로 환원되고 있다. 미디어는 그것을 통해 대리 충족이 가능한 대체 이미지를 반복 생산한다. 이를테면 연예인이나 유명인의 이미지를 모방하면서 실재를 이미지로 대체한다. 실재보다 이미지에 더 쉽게 편승할 수 있는 대중예술, 대표적으로 대중가요와 안방의 드라마가 실재를 이미지로 대체하고 있다. 대중이 편승하기 쉬운 이미지의 포화 속에서 빠져 있다가 정신을 가늠겨를도 없이 어느 순간 실재는 사라지고 이미지로 대체된다. 대중이 열광하는 기호에 따라 얼굴을 바꾸듯 기호 역시 쉽게 교체가 된다. 교환 가능한 화폐의 가치가 위력을 가질 만한 곳이라면, 변형가능한 몸, 더 섹시한 몸은 유사한 몸, 복수의 몸, 다수의 몸으로 복제되고 다시 이미지화 되는 시대이다.

몸의 실체를 드러내기 위해 오랜 세월 덮여 있는 베일(여성적인 신체에 씌워진 비너스의 베일, 국가나 종교적 이상을 위해 감정이 배제된 이상적인 신체), 그 껍질을 벗겨 왔던 역사는 다시 가상의 이미지라는 베일 속에서 익명성과 다수 그리고 복제성이라는 것으로 소통되고 있다. 이러한 시대에 소통의 생생한 토양인 몸이 갖는/가져야 할 의미와 메시지는 무엇일까? 마음(영혼)이 몸에 딸린 그 무엇이라면, 몸은 약동하는 생명의 실체이고 지각의 생생한 장소이다.

21세기 문화산업의 시대 역시, '지금 여기'를 묻는 전시가 필요하다. 그것은 가상실제라는 이미지의 포화 속에서 스크린이나 스마트 폰을 통해서가 아닌, 스스로의 눈으로 세상을 보는 태도가 필요하다. 21세기의 전시의 의미는 개개인의 자의식을 어떻게 회복할 수 있을 것인지, 그 길을 찾기 위한 물음에서 출발해야 한다.

이러한 물음이 현실적인 성과를 거두기 위해서는 문화예술행정가 양성이 필요하다. 각 지역의 크고 작은 문화시설을 관리하고 운영하는 행정요원의 양성과 재교육을 통한 전문 인력의 양성이 요구된다. 문화 예술 행정은 일반 행정과 다르게 창조정신과 열정적인 참여의식을 겸비한 사람으로 잠재력 개발이 이루어 질 때, 그 혜택은 참된 문화예술의 향유로 나타나고, 삶의 질을 높여 문화예술의 선진화를 이루는 길로 향한다.

3) 전시의 역할 - 작가 발굴과 창작의 정신

신진작가 발굴

21세기 문화산업의 시대, 신진작가를 발굴해야하는 이유는 무엇인가? 그 이유가 무엇이든지 지금 대구는 몇몇 갤러리와 청년미술프로젝트 그리고 미술관의 Y-프로젝트 등을 통해 신진작가발굴과 육성에 대한 지원이 이루어지고 있다. 이러한 전시를 위한 프로젝트가 지속적인 성장을 이루기 위해서는 창작의 가치를 발견하고 지속적인 투자가 필요하다.

대구는 대한민국의 3대 도시 중의 하나이다. 그리고 무엇보다 문화적 자긍심을 가질 수 있는 문화적 토양이 잘 갖추어 졌던 터라 문학과 음악뿐 아니라 무용과 미술에서도 뛰어난 예술가를 배출한 지역이기도 하다. 그럼에도 불구하고 지금 대구가 왜 서울을 제외하더라도 부산이나 광주에 비해 성공적인 미술축제를 만들어 내지 못하고 있을까?

그 이유는 첫째, 미술문화체계에 놓인 대부분의 대구인은 변화보다는 지키고 답습하는 편리함에 감염되어 오직 자신의 웰빙을 우선으로 하기 때문이다. 둘째, 창작의 진정한 가치를 만들기 위한 창작/이론/행정/언론 등 예술소통 시스템의 전문가 양성의 기준과 목표가 모호하다. 전시를 기획하는 큐레이터와 문화예술행정을 하는 사람은 창작의 가치와 소통을 위해서 전문가의 안목을 갖출 필요가 있다. 셋째, 창작의 가치보다 미술시장을 위해 과도하게 포장된 마케팅으로 지역적 특성과 무관하게 성공 사례를 모방하는데 있다. 넷째, 미술 감상 교육의 부재이다. 창작 역시 감상이 전제되어 있다. 인식의 전환이 필요한 지점이다. 다섯째, 미술시장과 창작정신의 지향점이 일치하지 않는 틈새에서 발생하는 문제들이다. 이러한 틈새와 변수 속에서 어떤 선택을 할 것인지에 대한 기준, 즉 사적인 이익이 아니라 공적인 선을 지향하는 기준을 만들어 실천해야 한다.

3) 창작의 정신

창작의 정신은 그 어떤 지배적인 논리에 길들여지지 않는 예술가의 정신이다. 창작의 정신은 정치적이거나 상업적인 지배논리에 순응하지 않고, 그 자신의 삶의 주변, '지금 여기'에서 창작 활동을 하는 작가일 것이다. 창작은 전시가 잡혀있지 않아도 혹은 작품이 팔리지 않아도 지속되어야 하기 때문에 경제적인 독립에서 자유롭지 못하다. 그렇기에 창작을 위한 다양한 지원 방식이 요구되어 진다.

작가의 지속적인 창작활동은 예술의 위기 혹은 인문학의 위기 속에서 예술 활동이 주는 순기능으로 작동한다. 그렇기에 당장에 효과를 기대하지 않고 지속적인 활동을 하는 예술가에게 존재감을 가질 수 있는 사회적인 분위기가 필요하다. 그 열매는 작가 자신뿐 아니라 지역민과 국가의 삶의 질을 개선하는 효과로 작용한다. 이러한 시도가 현실화되기 위해서는 창작의 정신은 작가에게만 필요한 것이 아니라, 창작의 발생을 전달하고 사회적 담론이나 소통의 매개자인 큐레이터가 만드는 전시에도 필수적이다.

예술작품을 제대로 감상(追-創造)하기 위해서는 우선 창조정신이 필요하다. 창조와 감상은 따로 떨어진 것이 아니다. 모든 예술작품은 창조 없이 감상할 수 없고, 감상 없이 창조할 수 없다. 훌륭한 감상능력은 동시에 훌륭한 예술작품을 창조할 수 있는 능력(아무 것도 없는 것에서 만들어 지는 예술은 없다)을 전제하기 때문이다. 무엇보다 창작활동이 가능한 것은 감상해 줄 사람이 있다는 전제하에서 가능해 진다. 예술이 끊임없이 이어지는 것은 창작과 감상이 교차하거나 결합되는 지점에서 그 시대의 문화가 만들어 지는 것이다. 그렇기에 창조하는 중에 감상이 깃들어 있고, 감상하는 중에 창조가 깃드는 것이다.

누구나 경험했던 일이고 또 어른이 되어서도 여전히 비슷한 경우와 마주하는 예를 들어 본다. 어린아이가 사물을 체득하는 방식은 사물도 자신과 마찬가지로 생명이 있어 아프고 가려울 수 있다고 생각하는 것이다. 그래서 어린 시절 한번쯤 별을 친구로 생각하고 꽃잎에 맺힌 이슬이 꽃이 흘린 눈물이라고 생각했다. 이러한 감성은 인공지능 로봇과 구분할 수 있는 인간적인 감성이다. 바로 이러한 인간의 감성이 창작으로 이어지는 놀이가 창작활동이다.

인공지능이 점점 정교하게 진화하고 있다. 이러한 진화는 피할 수 없는 현실이기도 하다. 빠르게 변화하는 시대 여전히 예술이 필요하다면, 미래에는 보다 더 예술가의 창작의 정신이 더 빛을 발하게 될 것이다. 그것은 인공지능이 인간을 도울 수는 있지만 인간 그 자체일 수는 없기 때문이다. 그 해답은 예술가의 창작 정신에 있다. 예술을 통해서 무한을 추구하는 것, 그것은 마치 어린아이가 놀이를 통해서 얻는 즐거움과 같은 것이다. 이 창작의 즐거움을 어찌 인공지능 로봇이 알 수 있을 것인가. 로봇 역시 인간의 창작이 만든 결실이 아닌가. 확실히 예술은 자아와 사물의 거리를 좁히는 창조적 놀이, 같은 시대 다른 감성을 담는 감각의 그릇이다. 동시에 그것으로 인해 일상을 새롭게 다른 시선으로 보고 생각하게 만드는 창조의 결실이기도 하다. 그 가능성은 자의식을 가진 예술가의 창작의 정신이 담긴 예술품에서 맛 볼 수 있다. 전시기획자는 이 맛, 짜거나 맵고 달거나 쓴 맛이 담긴 예술품을 사회 문화적 관계망 속에서 더 깊고 풍부하게 매개하는 역할을 해야 한다. '지금 여기'는 그 역할에 충실한 전시가 더 필요해 지는 21세기 문화 산업화의 시대이다. 이 시대, 창작과 감상 그리고 그 사이를 매개하는 전시가 21세기 산업으로서의 역할이다.

4. 강정 대구현대미술제의 비전[41]

강정 대구현대미술제가 진행되면서 방향 설정에 대한 여러 가지 논의가 진행되었다. 무엇보다 강정의 변화된 시공간에 미래의 비전을 확장해 갈 수 있는 방법적 고민이 적지 않다. 단지 매년 반복되는 행사가 아니라, 과거의 정신적 유산이 현재를 통해 미래로 나아 갈 수 있는 어떤 당위성 혹은 위상정립에 필요한 시점이기 때문이다. 이런 문제를 다양한 시각에서 논의 하고 발전시켜 보자는 취지에서 '강정 대구현대미술제의 발전적 비전'이라는 주제로 학술세미나가 있었다. 그날 논의된 내용 중에서 지역의 장소가 갖는 역사, 문화 그리고 환경적 맥락 속에서 미래지향적인 방향을 위한 내용 일부를 발췌한다.

---

[41] 강정 대구현대미술제의 발전적 비전, 2015 강정 대구현대미술제 학술세미나, 2015.8.14, TBC방송국 뱅키드룸.

(1) 강정 대구현대미술제, 지속가능성의 과제[42]

"과거 대구현대미술제의 전통을 계승하는 방법은 무엇일까? 그것은 역시 새로운 어법의 실험적 작업들을 통해 대구현대미술을 재정립하는 것이다. 무엇보다 대구 자체의 자생적 역량이 기반이 되어야 하는데 현재로선 대구 거주 작가들 스스로에 의한 동기유발이나 에너지의 추동에 한계가 있는 것으로 보인다.

과거에도 그랬듯이 강정 대구현대미술제가 활성화되기 위해서는 대구작가들의 힘만으로는 불가능하며 전국적, 세계적 네트워크를 통한 국제무대에서의 독특한 위상을 정립하는 일이 필요할 것이다. 예컨대 장소 특성을 살려 물, 생태, 환경의 문제로 특화된 야외미술제를 구상해봄직하다. 이를 위해서는 단순한 공원형태로 조성된 주변 환경을 문화적 문맥으로 전환하는 노력이 선행되어야 한다. 공원의 관리주체인 수자원공사와 공동으로 행사를 추진하되, 수자원 공사에 결핍되어 있는 문화적 마인드와 실험성을 고양시키는 일이 선행되어야 할 것이다.

(2) 강정 대구현대미술제가 나아가야 할 방향과 차별화된 지역미술의 가능성을 찾아[43]

(1) 영화 혹은 필름 페스티벌의 장으로 고려해 볼만함, 주변 야외 공간을 적극 활용할 장점이 있으며 한여름 밤을 활용하는 장점도 크다.

(2) 환경미술의 장소로 특화시켜 나가는 것.

(3) 야외공간에는 필름 페스티벌, 실내 공간(디아크 실내전시실 등)에서는 관련심포지엄 및 세미나 등 학술행사로 이원화를 추진해볼 만하다.

(4) 대구 독립영화제와 연대 내지 제휴, 국제 단편영화제 등을 모색해볼 만하다. 이로써 부진한 지역의 영상예술을 부양하고 기존 독립영화 분야의 제휴를 적극적으로 고려해

---

[42] 김찬동, 「강정 대구현대미술제, 지속가능성의 과제」, 발제 중 일부인용.
[43] 김영동, 「강정 대구현대미술제가 나아가야 할 방향과 차별화된 지역미술의 가능성을 찾아」, 발제문 중 일부인용.

볼만하다.

(3) 대구현대미술제에서 강정 대구현대미술제로, 어떻게?[44]

"강정 대구현대미술제는 대구현대미술제를 계승 발전시킨 것이란 사실에 주목해야 한다. 전시(사실은 전시에 반영된 정신)을 현재에 계승 발전하는 일도 중요지만, 과거 미술의 유산도 같이 물려받아야 한다. 바로 아카이브 구축과 형성이 이루어져야 한다는 말이다. 말하자면, 아카이브가 축적되고 그렇게 축적된 아카이브가 전시로 연결되는, 그런 선순환 구조가 이루어져야 한다.

공간개념이 아닌 업무차원에서라도 과거와 현재 그리고 아마도 미래의 아카이브를 수집하고 관리하고 연구하고 전시로까지 연계할 수 있는 전용관(상설홍보관이라도)이 주어져야 한다. 자료도 자료지만, 개념미술 이후 아카이브 자체가 전시방법론으로 제안되고 있는, 그래서 아카이브와 전시가 따로 구분되지가 않는 현대미술의 추세와도 무관하지가 않을 것이다."

(4) 시민의 탄생과 대구현대미술제[45]

대구현대미술제가 강정 대구현대미술제로 부활한 오늘 새로운 세대의 대구현대미술 작가들 및 전시에 참여한 대구 작가들과 외부 작가들에게 거는 기대가 크다. 고답한 높이의 위치에너지를 현실 속의 운동에너지로 전환하여 거칠고 왕성한 생성력의 현대미술을 현장에서 부활시켜야 한다. 대구작가들은 성리학적인 개별적 차원으로 형성된 근대적 시민에서 나아가 보편적 의미에서 말하는 시민 즉, 새로운 질서를 받아들이고 타자들과 소통, 공감, 공유가 가능한 개인, 시민으로 새롭게 태어나야 한다. 이런 시민이고 작가여야만 세계

---

44 고충환, 「대구현대미술제에서 강정 대구현대미술제로, 어떻게?」, 발제문 중 일부인용.
45 황인, 「시민의 탄생과 대구현대미술제」, 발제문 중 일부 인용.

보편성의 차원에서 국제적인 작가들과의 만남과 소통이 열릴 수가 있다.

(5) 자기 주도성을 생산하는 미술제를 꿈꾼다.[46]
강정 대구현대미술제의 미래에 관한 청사진을 그려본다.

(1) 미술제의 문호를 개방, 지역의 미술대학생, 청년 미술가들의 예술캠프를 전시기간 동안 연다. 이곳에서는 세미나와 강연, 토론, 팀 퍼포먼스, 워크샵 등이 열리게 되며 자연스럽게 강연과 토론 등이 예술의 영역으로 진입하게 된다.

(2) 미술제의 사전 세미나도 중요하지만 사후의 세미나도 중요하다. 사후의 세미나는 자연스럽게 다음 미술제를 위한 첫 터미널의 역할을 할 수 있다. 이는 동시에 지역 미술의 담론을 형성하는 것이며 이를 통해서 항상적인 지역의 문제를 새롭게 생성하는 장이 되어야 한다.

(3) 지역 미술그룹의 참여는 중요하다. 하지만 지역의 미술그룹과 타 지역의 미술그룹 혹은 다른 국가의 예술 그룹간의 교류와 연대를 통한 캠프와 창작 프로그램의 도입도 중요할 것 같다.

(4) 이런 프로그램이 진행된다면 강정은 '보는 전시에서 만들어지며 생성되는 계기를 만드는 살아있는 전시'가 될 것으로 기대한다.

(5) 문제는 준비다. 위와 같은 전시의 터미널이 진행되기 위해서는 안정적인 준비와 지역미술과 다른 지역, 다른 국가의 터미널을 지속적으로 기획할 인력과 시스템의 마련이 중요하다고 생각한다.

(6) 이를 통해서 '미래의 미술'은 자연스럽게 출현할 것으로 기대한다.

46　최성규, 「자기 주도성을 생산하는 미술제를 꿈꾼다」, 발제문 중 일부인용.

결국 자기 주도성은 지역의 작가는 물론 지역의 미술그룹과 지역에서 창의적인 담론을 만들어 내기 위한 꾸준한 비평적 노력, 관의 자기 주도적 미술정책에서 지역의 작가와 젊은 미술 그룹에게 자기 주도성을 부여할 '동력을 실어주는 것'으로 가능하다.

이 글은 강정 대구현대미술제의 발전적 비전에 대한 학술제의 발제문 중에서 구체적인 방향을 제시한 내용을 발췌했다. 1970년대 대구현대미술제와 2010년대의 강정 대구현대미술제와의 연관성 속에서 대구미술의 비전을 위해 다양한 시각이 논의 되었다. 강정 대구현대미술제의 방향을 다각도로 논의하고 있는 것은 그 의미가 적지 않다는 것에 있다. 매년 이루어지는 크고 작은 프로젝트 중에서 특히, 이 미술제에 주목하는 이유는 무엇일까? 그것은 70년대 대구현대미술제가 갖는 '이벤트Event'의 차별성이 가졌던 역사적 의미 때문일 것이다.

70년대, 미술계의 지성은 도시의 미술공간이나 광장을 떠나 강변이나 모래밭으로 가서 이벤트를 벌였다. 당시 미술계는 어떤 시대적 감성을 배경으로 미술활동을 개인에서 단체 혹은 실내에서 야외로 확장해 가고자 했는지, 대구의 현대미술 나아가 한국 현대미술의 확장된 영역에 대한 당시 미술인의 태도와 미의식의 변화에 주목할 필요가 있다. 강정 대구현대미술제는 이러한 연구가 뒷받침 될 때만이 운동사적 미술사 속에서 대구현대미술제가 갖는 역사적 의미를 토대로 지금 따로 또 같이 미학적 담론을 통한 미술사로 재정립할 수 있을 것이기 때문이다.

대구현대미술제는 수도권 중심의 미술활동이 지역의 미술운동으로 추동된 하나의 중요한 전환점이었다. 그것은 한두 번의 이벤트가 아니라 체계적으로 확산된 현대미술운동이었다. 그렇기에 강정 대구현대미술제가 대구현대미술제와의 연결고리를 가지고 지역 현대미술로 확장해 가기위해서는 21세기에 맞는 시대정신을 강정이라는 장소에서 재정립하기 위한 내적가치를 추동해 가야한다.

대구현대미술제는 다수의 미술인이 모여 체계적인 준비로 대구미술인 뿐만이 아니라 전국 그리고 해외의 미술인들이 모여서 만들어 낸 지성의 결과물이었다. 그렇기에 지역미술 나아가 한국미술사의 중요한 하나의 축이었던 대구현대미술제가 운동사로서 미술사라는 의미의 미학적 담론에 대한 체계적인 연구는 선택이 아니라 필수이다. 이러한 연구를 위해서는 사회 문화적 맥락 속에서 대구와 서울 나아가 일본과 서구미술의 역학관계에 대한 구체적인 자료 수집 및 연구를 위한 플랫폼을 작동시켜야 한다.

따라서 강정 대구현대미술제의 발전적 비전은 여타의 현대미술을 추동해 갈 체계적인 시스템을 만드는 것이다. 그것은 지역의 고유한 예술적 자산을 연구하고 실천함으로써 수준 높은 콘텐츠로 삶과 예술이 교차하는 지점에서 건강한 도시, 예술로 행복한 고품격의 문화를 만들어 갈 수 있기 때문이다. 여기에 강정 대구현대미술제의 비전이 담겨있다.

5. 맺음말

강정 대구현대미술제는 올해로 다섯 번의 전시를 진행했다. 전시가 이루어지는 디아크 The ARC광장은 낙동강과 금호강이 만나는 수변공원으로 근처에 대단위 아파트가 들어서 많은 사람들이 살아가는 도시형 공원으로 자리매김하고 있다. 확실히 강정 디아크 광장은 도시인의 일상에 예술이 다가서는 장소가 되었다. 그것은 삶과 놀이 그리고 예술이 어우러져 예술이 일상으로 확장되는 곳이다. 도시 공원에서 휴식을 취하는 가운데 만나는 예술이 이제는 낯설지만은 않다. 휴식 공간에서 만나는 낯선 예술이 일상이 된다면, 그것이야 말로 삶이 곧 예술인 것이다

도시인의 일상과 예술이 만나는 강정 디아크 광장에는 여름이면 강한 햇살이 비치고 우기엔 비바람이 강한 곳이다. 이 시기에 수많은 사람들이 강변을 찾는다. 이쯤에서 미술제도 열린다. 수많은 인파 속에서 삶과 예술의 경계를 보고 느끼고 감각하도록 미술로 새로운 환경을 만든다. 그래서 예술을 통한 지속가능한 소통과 성장을 위해 다양한 변수에 대처하

는 구체적인 매뉴얼이 필요해 진다. 강정 대구현대미술제의 세심한 매뉴얼은 과거와 미래가 현재라는 시간과 장소에서 호흡하는 역사적 의미를 재생산하고 미래지향적인 가치창출을 위해서는 필요선이다.

　삶이 자리한 곳에서의 예술적 실천은 건강한 도시와 행복한 삶을 위한 문화적인 토양을 제공하는 일이다. 이런 점에서 강정 대구현대미술제는 미래지향적인 콘텐츠의 개발을 통해 구체적이고 현실적인 체계구축이 필요하다. 문화도시의 성패는 특성화를 통한 실천적 가능성을 찾아가는 것인 동시에 도시의 고유한 문화를 활성화하는 것이기 때문이다.

　따라서 강정 대구현대미술제가 대구현대미술제의 과거와 현재를 재再맥락화 할 수 있는 상호시스템을 갖추고 체계적인 운영이 이루어진다면, 지역미술의 대표적인 프로젝트 뿐만이 아니라, 21세기의 새로운 전시의 방향을 제시하는 대안적인 모델이 될 수 있을 것이다.

김옥렬

영남대학교 서양화전공, 동대학원 미학미술사학과 석사, 박사수료
2006　　　《Soma Condition전》 기획, 한국문화예술위원회, 파라다이스문화재단 후원
2006　　　《나라음악큰잔치 특별사진전》 기획, 국립국악원 예악당, 예술의 전당, 서울
2007~2015　경북대, 영남대, 대구대, 대구가톨릭대에서 미학과 미술이론 강의
2014~2016　《강정 대구현대미술제》 전시감독 강정보 디아크 광장
현재, 현대미술연구소 / 아트스페이스펄 대표

박민영

경북대학교 미술학과, 영남대학교 미학미술사학 석사, 박사수료
2012~　　　대구문화예술회관 학예연구사
2004~2009　대구미술다시보기 시리즈(대구현대미술제, 영과회와 향토회,
　　　　　　교남시서화연구회, 사실주의vs조형주의) 기획
2003~2015　작고작가 발굴전 (장석수, 박현기, 박광호, 김수명, 서석규, 유병수) 기획
2012　　　　공저『현대미술아카이브』Ⅰ(예술기획새날, 2015)